Gerda Altpeter

Wirksame Reiseversicherung

Gerda Altpeter

Wirksame Reiseversicherung

Das Wort Gottes bietet Problemlösungen auf unserer Lebensreise

Fromm Verlag

Impressum / Imprint
Bibliografische Information der Deutschen Nationalbibliothek: Die Deutsche Nationalbibliothek verzeichnet diese Publikation in der Deutschen Nationalbibliografie; detaillierte bibliografische Daten sind im Internet über http://dnb.d-nb.de abrufbar.

Bibliographic information published by the Deutsche Nationalbibliothek: The Deutsche Nationalbibliothek lists this publication in the Deutsche Nationalbibliografie; detailed bibliographic data are available in the Internet at http://dnb.d-nb.de.

Verlag / Publisher:
Fromm Verlag
ist ein Imprint der / is a trademark of
OmniScriptum GmbH & Co. KG
Heinrich-Böcking-Str. 6-8, 66121 Saarbrücken, Deutschland / Germany
Email: info@frommverlag.de

Herstellung: siehe letzte Seite /
Printed at: see last page
ISBN: 978-3-8416-0464-4

1
Im Anfang
1. Mose 1 Vers 1 – 5

Ein milder Herbstabend lockt mich auf meinen Balkon. Gemütlich sitze ich im Sessel. Mir gegenüber lehnt mein Vetter Hans. „Lechajjim", proste ich ihm zu. Wir trinken geniesserisch den guten Wein. Dann fragt Hans: "Was bedeutet Lechajjim?" – „Es ist Hebräisch", bemerke ich, zu Deutsch „zum Leben". Träumerisch schaue ich in den Himmel. Die Sonne versinkt golden hinter einer dunklen Wolke. Ein leuchtender Saum begrenzt die Strahlen, die bis zur Erde reichen. Langsam gleiten die Farben ins Orange und dann ins Rot.

In meiner Kindheit sah ich in dem Farbenspiel den Himmel offen. Ich konnte ein kleines Stück die Geheimnisse Gottes entdecken. Ich spürte die Gegenwart des Schöpfers. Träumerisch erzähle ich meinem Gegenüber meine Erinnerungen. „Du bist schon immer fromm gewesen", meint er. „Mit den heutigen naturwissenschaftlichen Erkenntnissen lässt sich das nicht vereinbaren. Da gibt es keine mystischen Geheimnisse. Da gibt es keinen Gott, der etwas schafft. Evolution heisst, dass sich eines immer aus dem anderen entwickelt. Du kannst es nachlesen, wie die Welt entsteht. Willst Du noch immer hinter dem Mond bleiben?"

Das scheint ein interessantes Gespräch zu werden, Gottesglaube und Naturwissenschaft, Tradition und Vernunft, wir werden sehen, ob es gegeneinander oder miteinander geht.

„Nach der Evolutionslehre entwickelt sich immer ein aus dem anderen, das ist richtig", entgegne ich, „aber woher kommt die Materie? Wo ist der Anfang? Aus nichts wird nichts, das wirst Du kaum bestreiten". Hans denkt nach. Da ist etwas dran. Über den Anfang sagt die Evolutionslehre nichts.

„Im Anfang", fahre ich fort, "so beginnt die Bibel. Im Anfang schuf Gott Himmel und Erde. Auf der ganzen Welt und zu allen Zeiten haben Menschen darüber nachgedacht, wie die Welt entstanden sein könnte. Bei primitiven und kulturell hochstehenden Völkern werden Mythen über die Entstehung der Welt erzählt. Sie wurden nicht nur erzählt, sondern sie sollten auch dazu dienen, den Menschen Sicherheit zu geben. Schöpfung und Erhaltung der Schöpfung gehören zusammen. Man hat sich auch etwas über eine Entwicklung erzählt. Das ist nicht neu. Nur die Bibel kennt das entscheidende: "Im Anfang".

Hans sinnt vor sich hin. Von einem Anfang ist in der Evolutionslehre nicht die Rede. Wo der Urknall oder die Spiralnebel herkommen, wie Materie, Zeit oder Licht entstanden sind, darüber wird nicht nachgedacht. Dann möchte er etwas mehr von mir hören.

„Du weisst, dass ich Hebräischlehrerin bin. Die Sprache fasziniert mich. Sie ruht auf einem anderen Denken als die europäischen Sprachen. „Bereschit" heisst „im Anfang". „Rosch" bedeutet „Kopf", die Endung „it" bezeichnet eine Abstraktion, also einen abstrakten Kopf. „be" heisst „in". Dieser Ausdruck zeigt klarer, was der Anfang bedeutet. „Bereschit“ so nennen die Juden das erste Buch Mose. Beeindruckend, nicht?“

Inzwischen ist es dunkel geworden. Die ersten Sterne sind zu erkennen. Wir brauchen kein Licht. Wir finden unsere Weingläser auch so. Hans giesst nach. Das ist nach seiner Vorstellung Männersache.

Bedächtig erzähle ich weiter. „Gott schafft. Das Verb, das hier gebraucht wird, steht nur Gott zu. Kein Mensch kann einen Anfang setzen oder Zeit und Licht rufen. Das kann nur der Schöpfer. Eigentümlich ist auch der Name „Elohim“. Es ist ein Plural. Die Einzahl heisst „El“. Gott umfasst eben alle Götter, die die anderen Menschen verehren. Die anderen Götter sind Naturgewalten. Wir sind ihnen ausgeliefert. Wenn sie aber Geschöpfe Gottes sind, in ihm enthalten, dann brauchen wir keine Angst zu haben. Sie unterliegen ebenso wie wir der Macht Gottes. Sie sind uns weder über- noch untergeordnet. Wir stehen neben ihnen. Wir dürfen sie weder beherrschen noch uns von ihnen beherrschen lassen. Wo Gott Herr ist, da gibt es keinen Kampf und keine Tyrannei. Da ist Frieden. Wir brauchen uns nur daran zu erinnern, dass Gott die Welt geschaffen hat. Er ist der Herr und sonst niemand.

Im Anfang schuf Gott Himmel und Erde.

„Majjim“ heisst „Wasser“ und „scha“ ist „dort“. Wortlich übersetzt heisst der Himmel: “Da ist Wasser“.

Hans unterbricht mich: “Du bist zu schnell. Du kommst in Fahrt. Ich bin mit meinen Überlegungen noch am Anfang. Du willst doch nicht einen Monolog halten, sondern mich auch anhören. Ein richtiges Gespräch gibt beiden Partnern Raum. Also – die Ausgangsfrage ging doch um Naturwissenschaft und Gottesglaube. Stehen sie gegeneinander, ergänzen sie sich oder arbeiten sie zusammen. Nach Deinen Ausführungen würde ich sagen, dass alle drei Möglichkeiten vorkommen. Wo ich behaupte, dass meine These absolut richtig ist, da gibt es ein Gegeneinander, nicht nur bei Theologie und Naturwissenschaften, sondern auch sonst. Im Mittelalter behauptete Rom, dass die Erde im Mittelpunkt der Welt stehe. Wer etwas anderes sagte galt als Ketzer und wurde verbrannt. Tycho Brahe, Kopernikus und Galileo Galilei konnten mit Sicherheit nachweisen, dass die Erde sich um die Sonne drehe. Da glaubten die Leute, dass die Sonne im Mittelpunkt der Welt sich befinde. Dann stellten die Astronomen fest, dass es viele Sonnensysteme gebe. Welches nahm dann den Mittelpunkt der Welt ein? Als Einstein die Relativitätstheorie entwickelte, da es keinen Mittelpunkt der Welt mehr. Nur die Verhältnisse blieben. Sie konnten von jedem beliebigen Punkt der Welt aus bestimmt werden. Das naturwissenschaftliche Weltbild verändert sich mit dem Wissen, das wir Menschen gewinnen. Eines aber bleibt. Da wir Europäer sind, kennt unsere Sprache und unser Denken keinen richtigen Anfang. Die Länge der Zeit, die Ewigkeit, ist wie ein grosser Ring. Du kannst daran entlang laufen. Du kommst nie an ein Ende. Du kommst immer an deinen Anfangspunkt zurück. Genau dasselbe behaupten viele Religionen, Reinkarnation, verschiedene Äonen, es gibt viele Namen dafür. Die Natur draussen stellt das Vorbild dar. Im Herbst fallen die Blätter ab, die Pflanzen sehen tot aus. Im

Frühling grünt und blüht es. Das Leben wird neu. Da gibt es weder Anfang noch Ende. Die Naturwissenschaft denkt in diesen Kategorien. Das Christentum kommt von den Juden her. In dieser Sprache gibt es einen Anfang und ein Ende für die Welt."

„Wie gut Du das ausdrückst", staune ich. „Es existiert nun nicht nur die irdische, geschaffene Welt, sondern auch die himmlische, ungeschaffene. Bei Gott gibt es keine Zeit. Für Menschen ist das unvorstellbar. Wir kennen keine zeitlose Welt, darum können wir nichts damit anfangen. Jesus versucht durch Gleichnisse zu erklären, wie das Himmelreich beschaffen ist. Die Herrschaft Gottes ist nicht durch Zeit und Raum begrenzt. Er schafft als erstes den Raum und die Zeit. Er schafft Himmel und Erde, den Raum und die Materie, in denen wir leben. Danach trennt er das Chaos, Festland und Meer, Pflanzen und Tiere, Gestirne und Menschen. Diese Trennung kennt die Naturwissenschaft auch. Da kommen wir zusammen."

Hans greift zum Salzgebäck. Eine Weile ist es still. Auch ich bediene mich. Wir meditieren. Wo Menschen offen sind für die Wirklichkeit und die dahinter stehenden Kräfte, da verketzern sie einander nicht. Da suchen sie gemeinsam nach dem rechten Verständnis dessen, was uns umgibt. Da herrscht Frieden. Da kann einer dem anderen zuhören, um von ihm zu lernen. Vor 150 Jahren hat ein Physiker gemeint, er könne alle Rätsel der Welt lösen. Er brauche Gott dazu nicht. Als bei der Erforschung der Elektrizität deutlich wurde, dass es Störungen gibt, die nicht zu erklären sind, da wurden die Menschen bescheidener. Wir wollen alles berechnen. Nun wollen wir sogar die Störungen verplanen.

Die Nacht steht um uns. Der Mond ist aufgegangen. Seine schmale Sichel leuchtet hinter den Bergen. Da zitiere ich von Matthias Claudius:

Seht ihr den Mond dort stehen?
Er ist nur halb zu sehen,
und ist doch rund und schön.
So sind wohl manche Sachen,
die wir getrost belachen,
weil unsre Augen sie nicht sehn.

Tiefe Weisheit entströmt den Versen des Dichters. In der Zeit der Aufklärung wollten die Menschen alles ergründen und beherrschen. In Frankreich wurde die Vernunft zur Göttin erklärt. Die Menschen glaubten, dass jetzt die helle Zeit der Wissenschaft gekommen sei. Alles werde logisch verstanden und gehandhabt. Kriege und Kämpfe, Streit und Tyrannei seien vorbei. Ohne Gott werde alles besser.

Da bitte ich Hans den Abend mit den folgenden Versen des Dichters zu beschliessen:

Wir stolzen Menschenkinder
sind eitel, arme Sünder

4

und wissen gar nicht viel.
Wir spinnen Luftgespinste
und suchen viele Künste
und kommen weiter von dem Ziel.
Gott, lass uns dein Heil schauen,
auf nichts Vergänglichs trauen,
nicht Eitelkeit uns freun;
lass uns einfältig werden
und vor dir hier auf Erden
wie Kinder fromm und fröhlich sein.

Im Anfang

5

Wissen

1. Mose 3 Vers 1 – 19

Wo kommt das Böse her? Was hat es mit der Sünde auf sich? Gott hat die Welt gut geschaffen. In vollendeter Harmonie leben die Menschen. Dann kommt der Sündenfall. Da kommen Krankheiten, Leid, Tod und Tränen.

Die Geschichte in 1. Mose 3 versucht eine Antwort. Die Schlange ist ein Tier des Feldes. Sie ist von Gott geschaffen, klug und listig. Sie spricht die Frau an. Sie erklärt ihr, dass sie klüger und wissender werden kann. Sie wird eingeweiht in die Kenntnis von gut und böse. Sie wird sein wie Gott!

In der Frau steckt die Bereitschaft, ihr Wissen zu vermehren. Sie ist im Inneren bereit, auf die Rede der Schlange einzugehen. Das Böse kommt von aussen, aber der Anruf stösst auf die innere Bereitschaft. Die Frau ist frei sich zu entscheiden. Sie ist wie ihr Mann geschaffen als Gegenüber Gottes. Beide können ihm gehorsam sein, können aber auch ihren eigenen Weg wählen. Die Frau zieht ihren Mann in ihr Handeln hinein. Sie will nicht alleine sein.

Beide Menschen wählen ihren eigenen Weg. Sie erkennen was gut und böse ist. Sie sehen aber auch ihre Verletzlichkeit, ihre Nacktheit. Sie verstecken ihren Körper hinter Feigenblättern. Sie verstecken sich vor Gott hinter den Bäumen des Gartens.

Vor Gott können sie ihren Ungehorsam nicht verstecken. Er hält Gericht. Sein Urteil belastet unser Leben bis heute. Gott spricht einen Fluch aus über das Tier, das die Menschen verlockt hat. Es soll alleine leben und auf dem Bauch kriechen. Zwischen der Schlange und den Menschen soll Feindschaft herrschen.

Bis zum Sündenfall gab es weder Hass noch Tod. Beides ist eine Folge der Sünde. Das Leben wird nun bestimmt vom Kampf um das Überleben. Die Schlange verteidigt sich um zu leben. Sie sticht den Menschen, damit er stirbt und sie nicht behelligen kann. Der Mensch wehrt sich und zertritt ihr den Kopf.

Kampf bestimmt unser Leben. Wir wollen das Gute. Wir wissen genau was gut ist. Dann verlockt uns jemand mit falschen Worten. Wir reagieren sofort. Dann ärgere ich meine Mitmenschen, beschimpfe Mann und Kinder, dränge mich vor und stosse Schwächere beiseite. Ich zwinge andere für mich zu arbeiten und nehme mir, was mir nicht gehört. In mir findet dieser Kampf statt. Es ist ein Spiegel des Kampfes, der überall in der Welt tobt.

Dieses Wort wird auf Christus bezogen. Im Kampf gegen das Böse und die Sünde hat er Leiden und Kreuz auf sich genommen. Er wurde besiegt an Karfreitag, aber an Ostern errang er den Sieg. Er hat der Schlange den Kopf zertreten und den Tod besiegt. Der Mensch wird erlöst. Als seine Nachfolgerinnen und Nachfolger nehmen wir teil an seinem Sieg.

Damit wird nicht erklärt, woher das Böse kommt. Wir nehmen teil an dem Kampf, der überall tobt. Wir nehmen auch teil an dem Sieg Jesu.

Eine Geschichte soll es verdeutlichen. Grete hat Hans geheiratet. Sie ist klug und aktiv. Sie gestaltet die Hochzeit. Sie richtet Haus und Garten ein. Sie steckt Gardinen auf und schafft Wohnlichkeit. Ihr Fleiss kommt der Bequemlichkeit von Hans entgegen. Er lässt sie gewähren.

Eines Morgens wacht Grete auf. Ihr ist übel. Sie muss brechen. Sie erwartet ein Kind. Elend und blass kann sie sich kaum auf den Füssen halten. Sie möchte sich freuen, aber es gelingt ihr nicht. Die Tage und Wochen schleppen sich dahin. Als endlich die Wehen einsetzen zerreisst es sie fast. Als sie ihre Tochter in den Armen hält ist sie zu schwach um sich richtig zu freuen. Es ist das tiefste Erlebnis ihres Lebens, bittersüss und voller Beschwerden.

Hans reagiert seltsam. Irgendwie hat es ihn geärgert, dass Grete am Anfang ihrer Ehe alles bestimmte. Seine Bequemlichkeit hat ihm schon oft zu schaffen gemacht. Jetzt ist sie klein. Jetzt kann er bestimmen. Statt ihr zu helfen beschwert er sich über die Unordnung im Haushalt. Er schlägt die Türen und eilt fort. Er geht zum Standesamt und lässt dort den Namen eintragen, den er gern hat. Er nennt sie Maria, Grete hätte sie gerne Heidi genannt. Das ist der Fluch Gottes über die Frau.

Gott schuf den Menschen, um den Garten Eden zu bebauen und zu bewahren. Von Anfang an gibt es Arbeit, aber erfolgreiche Arbeit. Wer hat sich nicht schon gefreut, wenn er saftige, rote Erdbeeren oder einen kräftigen Salatkopf geerntet hat?

Hans hat schon immer als Bauer gearbeitet. Er kennt sich aus. Er ackert, sät und pflegt die Saat. Seit der Hochzeit geht alles verquer. Er hat zur rechten Zeit gepflügt und gesät, aber das Unkraut wächst schneller als das Korn. Erbittert betrachtet er seine Felder und berechnet den Verlust. Im nächsten Jahr fällt kein Regen. Die Saat verdorrt. Die Wiesen werden gelb. Der Ertrag lohnt nicht den Einsatz. Sie müssen doch essen! Er wollte dafür sorgen. Er hat sich bemüht. Er wird nachdenklich. Woran liegt es, dass alles falsch läuft? Er fragt Grete. Sie meint, sie könnten mal wieder zur Kirche gehen. Der Pfarrer wisse vielleicht Bescheid.

Am nächsten Sonntag gehen sie in den Gottesdienst. Sie hören die Geschichte vom Sündenfall. Da verstehen sie das Geschehen. Grete ist neugierig und aktiv. Sie hat ihr gemeinsames Leben nach ihren Wünschen gestaltet und nicht gefragt, was Hans wollte. Sie wird lernen, wie Gott das Zusammenleben der Menschen gestaltet. Sie begreift was sie falsch gemacht hat. Hans ist bequem und passiv. Er hat sich von Grete verwöhnen lassen. Dann hat er sich über sie und sich selbst geärgert. Er hat ihre Schwäche ausgenutzt. Er hat sie tyrannisiert. Er wird lernen, wie Gott das Zusammenleben der Menschen ordnet. Er begreift was er falsch gemacht hat. Die beiden sehen einander an. „Vergib mir“, flüstert Grete. „Es tut mir leid“, antwortet Hans, „wir wollen das Vergangene vergessen und neu anfangen.“ Sie reichen einander die Hände. Sie spüren die Gegenwart Gottes und seine Liebe.

Wissen

7

Neid

1. Mose 4 Vers 1 – 15

Kain und Abel, das erste Bruderpaar, was bewegt sie? Es beginnt damit, dass Adam die Eva erkennt. Sie wird schwanger und bringt Kain zur Welt. Sie erklärt: "Ich habe einen Menschen erschaffen mit Gott."

Die Umschreibung für den sexuellen Verkehr zwischen Adam und Eva ist bedeutungsvoll. Da liegen ein Mann und eine Frau beieinander und handeln zusammen. Sie erkennen sich auf eine besondere Weise. Sie spüren, ob einer nur seinen eigenen Trieb befriedigen will, oder ob er die Freude der anderen im Sinne hat. Einfühlsamkeit und Rücksichtname sind gefragt. Es kann wunderschön sein, aber auch ein Horror für den einen oder anderen werden. Nirgendwo gibt es schlimmere Verletzungen als auf diesem Gebiet.

Eva ist stolz darauf, dass sie einen Menschen schaffen kann. Neues Leben kommt aus ihr. Sie schreibt diese Fähigkeit nicht Adam zu sondern Gott. Denken wir daran, dass jeder Mensch ein Geschenk Gottes ist.

Zuerst kommt Kain, dann kommt Abel. Die beiden Brüder wählen ihren Beruf selber. Die Eltern reden ihnen nicht darein. Der jüngere wird Schafhirte, der ältere Bauer. Dann heisst es weiter:

„Es geschah nach einiger Zeit, da brachte Kain von den Früchten der Erde eine Opfergabe für Gott. Auch Abel brachte von den Erstgeborenen seiner Schafe und von ihrem Besten. Gott sah Abel und seine Opfergabe gnädig an. Kain und seine Opfergabe sah er nicht gnädig an. Da entbrannte bei Kain der Zorn, und er senkte sein Gesicht."

Kain dient der Erde. Er gräbt um und pflanzt Korn und Gemüse. Die Erde gibt ihre Kraft dazu und bringt Früchte. Kain weiss, dass es Gottes Gnade ist, wenn er ernten kann.

Abels Herde vermehrt sich. Es kommen Lämmer. Er kann schlachten und essen. Abel weiss, dass die Vermehrung Gottes Gabe ist, darum bringt er vom Besten seiner Herde ein Opfer dar.

Beide Brüder sind gleich erzogen und besitzen das gleiche Wissen um Gott. Sie tun dasselbe, und doch ist es nicht dasselbe. Von aussen betrachtet gibt es keinen Unterschied. Gott aber sieht das Herz an. Er begründet später Annahme und Ablehnung. Abel will seinen Dank abstatten, als er sein Opfer bringt. Er schaut nach oben und freut sich.

Bei Kain ist es anders. Er hat hart gearbeitet, um Früchte zu ernten. Er ist wenig erfreut darüber, dass noch andere Kräfte mitspielen. Er möchte selber etwas sein. Er hat Ehrgeiz. Er schaut nach unten. Als er sieht, dass Gott das Opfer von Abel gnädig ansieht, seines aber nicht, da entbrennt sein Zorn. Er senkt den Kopf noch tiefer, denn keiner soll sehen, wie es um ihn steht.

Eigentümlicherweise spricht Gott mit Kain und nicht mit Abel. Er achtet jeden Menschen, obwohl er weiss, in welcher Versuchung Kain steht. Gott sagt:

„Warum entbrennt dein Zorn, und warum senkst du dein Gesicht? Ist es nicht so: wenn du Gutes tust, bist du angesehen. Wenn du aber nicht Gutes tust, öffnest du dich der Sünde, die auf dich lauert. Sie ergreift von dir Besitz und du wirst von ihr beherrschst."

Auf einem internationalen Kongress erklärte das einmal eine Professorin des Alten Testamentes so: Die Sünde verhält sich wie meine Katze. Sie liegt still in einer Ecke als ob sie schliefe. Kommt eine Maus vorbei ist sie sofort da und fängt sie. Ebenso ist die Sünde. Es sieht so aus als ob sie schliefe. Kommt aber eine Gelegenheit ist sie sofort da. Sünde, was ist das? Es ist die innere Unsicherheit des Menschen. Er denkt, dass es anderen besser geht obwohl sie nichts dazu tun. Niemand anerkennt meine Arbeit. Neid und Angst in uns werden lebendig, wenn sich eine Gelegenheit ergibt. Wie mancher hat schon gesagt, dass er nichts Böses tun wollte, aber dann war es wie eine fremde Macht, die ihn zwang zum Handeln. Mit Gott können wir dieser Macht widerstehen, denn zur Freiheit hat uns Christus befreit, wie Paulus es im Galaterbrief schreibt. In Christus sind wir frei.

Dann beginnt ein Dialog zwischen Abel und Kain. Kain spricht zu seinem Bruder Abel auf dem Feld. Dann steht er auf und tötet ihn. Gott fragt Kain: "Wo ist dein Bruder Abel?" Er antwortet: "Ich weiss es nicht. Soll ich meines Bruders Hüter sein?" Kain hat aus Eifersucht, Neid und Hass gehandelt. Er kann nicht verstehen, warum sein Bruder, der doch nichts getan hat, von Gott anerkannt wird. Er hat gearbeitet im Schweiss seines Angesichtes, aber er wurde nicht anerkannt.

Kain hört die Frage Gottes. Er hat längst Abel aus seinem Gedächtnis gestrichen. Was geht ihn sein Bruder an? Er muss nicht auf den aufpassen. So versucht Kain sich herauszureden.

Tun wir das nicht alle? Wer gibt denn seine Schuld zu? Wir verdrängen alles Böse in uns und meinen dann, es sei nicht mehr da. Der Nachbar ist böse, ja, der muss Busse tun, ich nicht. Wir habe nichts Böses getan. Wir brauchen keine Busse zu tun.

Mit Gott können wir dem Neid, der Eifersucht und dem Bösen widerstehen.

In Christus sind wir frei!

Neid

9

Ordnungen

2. Mose 24 Vers 3 – 8

Jakob schaut erstaunt auf, als Mose vor ihm steht und befiehlt: “Komm mit!“ Dann sieht er, dass noch andere junge Männer vor dem Alten stehen. Sie sehen erwartungsvoll auf den Führer ihres Volkes. Was will er wohl von ihnen?

Sie bekommen Anweisungen: “Geht und sucht unter den jungen Stieren die besten aus. Schlachtet sie. Einige dienen als Brandopfer, um die Sünden des Volkes zu sühnen. Sie werden ganz verbrannt. Er wird dann wissen, dass es uns leid tut, wenn wir ihm nicht folgen. Die anderen schlachtet und sammelt das Blut. Ich brauche es. Das Fleisch wird unter das Volk verteilt, damit sie ein Fest feiern können. Ruft alle zusammen!“

Jakob läuft mit seinen Freunden zu den Herden. Er kennt jedes Tier. Er hat bei den Geburten geholfen. Er hat sie gehütet. Er hat die wilden Tiere fern gehalten. Sie suchen die besten Stiere aus. Sie schlagen die Halsschlagader an und sammeln das Blut. Sie zünden Feuer an und verbrennen die Tiere, die Mose ihnen zeigt. Unter dem heiligen Berg steht ein Altar, den Mose gebaut hat. Rundum stehen 12 Steine nach der Zahl der 12 Stämme. Alle schauen zu wie Mose die Steine mit dem Blut besprengt. Dann liest Mose noch einmal die Worte vor, die Ordnungen Gottes, die er ihm auf dem Berg gegeben hat.

Ich bin der Herr, dein Gott,
du hast keine anderen Götter neben mir.
Du brauchst meinen Namen nicht unnütz.
Du machst dir kein Bild von Gott.
Du heiligst den Sabbat.
Du ehrst Vater und Mutter.
Du tötest nicht.
Du brichst die Ehe nicht.
Du stiehlst nicht.
Du gibst kein falsches Zeugnis ab.
Du begehrst nicht die Frau deines Nächsten,
auch nicht den Knecht, die Magd, das Vieh,
oder sonst etwas, was deinem Nächsten gehört.

Wenn ihr nicht alles behaltet, dann gibt es eine einfache Zusammenfassung:

Liebe Gott von ganzem Herzen
und all deinem Vermögen,
und deinen Nächsten wie dich selbst.

Das Volk hört zu. Es ist eine gute Ordnung. Mose nimmt das Becken und besprengt das Volk mit dem Blut. Er erklärt ihnen, dass sie jetzt Gottes Volk sind. Er ist unser Vater und wir sind seine Kinder. Dieser Bund bleibt. Gott hebt ihn nicht auf.

Jakob vergisst diesen Tag nicht. Er erzählt ihn seinen Kindern. Sie erzählen es weiter. Dann schreibt jemand sie auf, damit es im Gedächtnis des Volkes bleibt. Was damals geschah gilt bis heute. Israel ist und bleibt Gottes Volk. Aus diesem Volk ist Jesus gekommen. Er war Jude. Er hat sich an die Ordnungen gehalten, die Gott seinem Volk gegeben hat. Diese Ordnungen sind Zeichen der Liebe Gottes. Jesus erweitert den Bund. Er soll nicht nur Israel gelten sondern allen Menschen. Dazu braucht es ein Opfer das grösser ist als ein Opfer von Stieren. Der Sohn Gottes opfert sich für die Sünden aller Menschen. Er erklärt es beim Passahmahl, das er mit seinen Jüngern feiert.

Er nimmt das Brot und sagt:

“Dies, mein Leib!“

Dann nimmt er den Kelch mit dem Wein und sagt:

„Dies mein Blut!

Es wird für alle Menschen vergossen

zur Vergebung der Sünden.

Mit ihm wird der Bund besiegelt,

den Gott jetzt mit den Menschen schliesst.“

So geschieht es bei jedem Abendmahl, das wir gemeinsam feiern. Wir gehören zusammen.

Ist das wirklich so? Setzen sich die Jungen für die Alten ein? Führen die Alten die Jungen in Ordnung und Gerechtigkeit? Verstehen Mann und Frau sich in der Ehe? Verstehen und ehren wir als Eltern und Kinder einander? Achten wir das Eigentum der Anderen? Achten wir das Leben der Anderen? Reden wir die Wahrheit und täuschen niemanden?

Wir müssen uns alle fragen, wie wir mit den Ordnungen Gottes umgehen. Kennen wir sie noch? Lernen unsere Kinder sie noch in der Schule? Wir diskutieren über Abtreibung und aktive Sterbehilfe. Das ist Töten! In der Wirtschaft versucht einer den anderen zu übervorteilen. Das bedeutet stehlen. Viele Menschen leben ohne Ehe zusammen und wechseln nach Belieben. Man spricht von Lebensteilzeitpartnern. Das ist Ehebruch, denn wenn Mann und Frau sich paaren, dann sind sie ein Paar. Wo bleibt da die Liebe? Gewalt breitet sich aus. Gottes Ordnungen schaffen Liebe.

11

Auszug

2. Mose 12 Vers 1, 3 – 4, 6 – 7, 11 – 14

Es war Jahre her, da waren die Nachkommen des Jakob nach Ägypten gekommen, weil im Land Kanaan Hungersnot herrschte. Die reiche Kornkammer dort hatte sie ernährt. Aus einer Familie war ein Volk geworden. Die Ägypter bekamen Angst und liessen sie wie Sklaven arbeiten. Sie bauten Städte und Scheunen. Sie stöhnten unter der Last der Arbeit. Da schrien sie zu Gott um Hilfe.

Gott befiehlt dem Mose das Volk aus Ägypten zu führen in ein Land, das er ihm zeigen will. Dort sollen sie eine neue Heimat finden. Dann erklärt er, dass jede Familie ein Tier schlachten soll. Sie sollen sich zusammentun, damit sie alles aufessen können. Es soll nichts übrig bleiben.

Da fange ich an nachzudenken. Wie sieht es bei uns aus? Wenn jeder genug hat dann haben alle genug. Wenn aber einer Angst hat, dann will er etwas zurücklegen, damit er im Notfall etwas hat. Dann sammelt er Speise und Geld, baut Scheunen, legt ein Konto an und lässt sich als Abschiedsgeld für seine Arbeit als Manager Milliarden auszahlen. Dann hungern die einen und die anderen leben im Überfluss.

Wie einfach ist es, wenn wir alle auf Gott hören und gehorchen. Er nennt seinen Namen mit einem Tetragramm j w j h. Das ist nicht zu übersetzen. Die Grundbedeutung heisst „werden". Es ist ein Kausativ. Man kann sagen, dass alles, was wird, auf ihn zurückgeht. Die Juden sagen dazu „Adonai" das heisst „mein Herr". So nenne auch ich ihn. Abends im Bett erzähle ich ihm alles, was ich den Tag über erlebt habe. Wenn ich Probleme habe fällt mir ein, wie ich sie lösen kann. Es fällt mir ein. Woher kommt dieser Einfall? Ist es nicht Gott, der es mir einfallen lässt?

Alles hat seinen Grund. Ich bin als viertes Kind nach drei Brüdern geboren. Meine Mutter wollte zwei Kinder haben. Schon beim dritten hatte sie Mühe ihn anzunehmen. Auf keinen Fall sollte ein viertes kommen. Da sagte mein Vater, dass es ein Mädchen werde. Sie könne ihr helfen. So wurde ich zum Helfen erzogen. Zunächst half ich meiner Mutter. Später half ich auch anderen Menschen.

Im September 1944 wurden alle Juden und jüdische Mischlinge ersten Grades abtransportiert. Ich brachte meinen Vater zum Bahnhof, wo die SS Leute standen und sie in Güterwagen brachten. Dann ging ich zur Arbeit bei der Th. Goldschmidt A.G. Der Personalchef liess mich rufen und erklärte mir, ich dürfe nicht wieder an meine Arbeitsstelle zurück, sondern solle sofort zu meinem Hausarzt gehen. Dort erhielt ich ein Attest und Genehmigungen, einen Zug zu benutzen. Ich fuhr los. Am nächsten Tag, als ich abtransportiert werden sollte, war ich weg.

Die Juden handeln nach dem Gebot Gottes. Sie schlachten. Sie streichen das Blut an die Pfosten ihrer Häuser. Sie bereiten sich zur Flucht vor. In der Nacht geht Gott durch das Land und tötet alle Erstgeborene. An den Häusern mit dem Blut an den Pfosten tanzt er vorbei. Gott tanzt? Das ist erstaunlich. Aber die Juden haben auch getanzt in der Synagoge, wenn sie sich an den Worten Gottes freuten. Gott sagt, dass dieser Tag ein Gedenktag sein soll. Es ist Päsach. An diesem Tag hat Jesus das Abendmahl eingesetzt, als er mit seinen Jüngern zusammensass. Er sagte: "Dies – mein Fleisch" und „Dies – mein Blut". Er sprach Hebräisch, wie damals die Menschen in Israel sprachen. Da gibt es kein „ist", sondern nur einen Nominalsatz. Es ist schade, dass die Christen seit 2000 Jahren sich um ein Wort streiten, das Jesus nicht gesprochen hat.

Auch wir mögen daran denken, dass wir hier auf dieser Erde keine Heimat haben. Wir ziehen um von der Schweiz nach Deutschland oder Frankreich, Italien oder England. Wir haben hier keine bleibende Statt. Unsere Heimat ist im Himmel. Dort sind wir mit Gott glücklich. Der Tod scheidet uns nicht von Gott. Wie das Volk, das zum Volk Gottes wurde, ziehen wir aus in eine neue Heimat.

Auszug

13

Früchte

3. Mose 26 Vers 3 – 6

Marta hockt trübsinnig in ihrer Wohnung. Im letzten Jahr konnte sie noch fröhlich mit ihrem Mann in den Weinberg gehen um zu ernten. Sie hatte gelacht und eifrig geschnitten. Es gab einen guten Tropfen. Dann starb der Mann. Sie konnte den Weinberg nicht alleine pflegen. Sie gab ihn ab. Wenn sie daran dachte sank ihr Kopf immer tiefer. Ihr Leben war leer geworden. Die Kinder lebten in der Deutschschweiz mit ihren Familien. Sie kamen selten zu Besuch. Von den Nachbarn hatte sie sich zurückgezogen seit sie Witwe war.

Da kommt ihre Nachbarin Maria. „Kannst du uns helfen?“ fragt sie. „Wir brauchen noch jemanden für die Weinernte. Sei doch so lieb und komm mit uns. Du sollst es nicht bereuen.“

Marta schaut auf. Soll sie mitgehen? Ihr Gesicht hellt sich auf. Sie kommt gerne mit. Sie holt ihren grossen Strohhut, sucht die Schere heraus, bindet ihre Schürze um und folgt Maria.

Eifrig arbeitet sie mit den anderen. Scherzworte fliegen hin und her. Dann sitzen sie unter dem grossen Mandelbaum im Schatten und essen Brot, Käse und Wurst. Sie trinken Kaffee dazu. Maria meint, dass es einen guten Tropfen gibt. Marta fühlt sich wie in alten Zeiten. Sie gehört wieder dazu. Es macht Spass bei der Weinernte mitzuhelfen.

Der jüngste Sohn Jakob mischt sich ein. Er geht ins Kollegium und hilft in den Ferien. Er erklärt, dass sie im Religionsunterricht durch genommen haben, dass auch die Weinernte abhängt vom Verhalten der Menschen. Da heisst es in 3. Mose 26:

„Wenn ihr nach meinen Anordnungen lebt, meine Gebote beachtet und danach handelt, dann will ich euch regnen lassen zur rechten Zeit. Die Erde wird ihre Früchte hervorbringen und die Bäume des Feldes werden ihre Früchte geben. Das Dreschen wird dauern bis zur Weinernte und die Weinernte bis zum Säen.“

Marta erinnert sich, dass es im letzten Krieg nicht genug zu essen gab. Die Männer waren eingezogen. Die Frauen und Kinder arbeiteten soviel sie konnten, aber es reichte nicht. Die Kartoffeln wurden vom Kartoffelkäfer befallen und brachten wenig. Die Weinstöcke bekamen Schimmelpilze und trockneten aus. Im Keller hielten wir Hühner um mit Eiern die Speisen zu verbessern. In einem Verschlag im Garten hatten wir Kaninchen. Wir liefen die Wege ab um Gras für sie zu sammeln. Trotzdem hatten wir ständig Hunger. Es ist gut, dass jetzt wieder Frieden herrscht.

Maria nickt. Sie hat diese Zeit nicht erlebt. Sie hat aber im Fernsehen gesehen, wie es in den Ländern hergeht, wo Krieg herrscht. Im Sudan, in Afghanistan, in Nigeria und vielen anderen Staaten sieht es so aus. Die Herrscher bringen ihr Geld ins Ausland und denken nicht an ihre Völker.

Gott hat die Erde schön geschaffen. Es gibt genug für alle, aber die Menschen zerstören sie mit ihrer Habsucht. Es ist gut, dass im Augenblick in der Schweiz und in

Deutschland eine gute Regierung herrscht. Wir schimpfen zwar manchmal auf „die da oben“. Unsere Söhne sind Soldaten und bewachen die Grenze. Unsere Polizisten sind gut ausgebildet. Sie sorgen für Ruhe und Ordnung. Wir sind ein christlicher Staat, noch sind wir das. Da wird es uns gut gehen. Die Verfassung beginnt: “Im Namen Gottes“. Wir rufen Gott an und vertrauen ihm. Alle denken nach. Dann beginnen sie wieder mit der Arbeit.

Die Frauen schneiden die Trauben. Jakob bringt sie zum Schilter. Der Vater fährt sie heim. Bis zum Abend haben sie vieles geschafft.

Abends löffeln sie die Suppe, die Maria vorbereitet hat. Da geht das Gespräch weiter. Jakob erklärt, dass er in der Schule gelernt habe, dass auch die Muslime, die zugewandert sind, in Frieden leben wollen. Es gibt dort wie bei den Christen unterschiedliche Gruppen. Die Terroristen wollen alle auf der Welt zu Muslimen bekehren und säen Streit. Andere sind tolerant. Sie wollen mit Christen und Juden im Frieden leben.

Marta denkt daran, dass es im letzten Krieg um Nationalsozialisten und Juden ging. Jetzt sollen es die Muslime sein. Anderwärts streiten sich Katholiken und Protestanten. Viele sind unzufrieden. Sie nehmen nicht an, was Gott uns gibt. Darüber verdirbt die Erde, die Ernte und die Früchte des Feldes.

Als die Mahlzeit beendet ist füllt Maria einen Korb mit Trauben, gibt noch eine Flasche Wein vom letzten Jahr dazu und überreicht es Marta. Als Marta nach Hause geht begegnet sie einem dunklen Kind. Sie sieht die verlangenden Augen des Kindes. Sie reicht ihm eine saftige Traube. Die Kleine strahlt. Sie beisst gleich hinein.

Das Kind läuft zur Unterkunft der Asylanten. Marta folgt ihr. In einer Türe sitzt eine junge Frau und hält ihr Baby im Arm. Sie schaut traurig und hilflos aus. Marta gibt ihr alle Trauben aus dem Korb. Die junge Frau sieht erstaunt auf und stammelt einen Dank in einer fremden Sprache. Sie küsst Martas Hand und lächelt. Der Leiter der Asylunterkunft kommt dazu. Er erklärt, dass die Frau aus dem Sudan kommt, wo seit Jahren Krieg herrscht. Sie sucht Frieden in der Schweiz für sich und ihre Kinder. Marta denkt an das Lied, das sie am letzten Sonntag im Gottesdienst gesungen haben:

Keiner kann allein Segen sich bewahren.

Weil Gott reichlich gibt, müssen wir nicht sparen.

Segen kann gedeihn, wo wir alles teilen,

schlimmern Schaden heilen, lieben und verzeihn.

Frieden gabst du schon.

Frieden muss noch werden,

wie du ihn versprichst

uns zum Wohl auf Erden.

Hilf, dass wir ihn tun,

wo wir ihn erspähen;
die mit Tränen säen,
werden in ihm ruhn.

Wir wollen uns um die Leute dort kümmern. Sie brauchen uns. Wir haben genug von Gott bekommen. Wir wollen teilen. Es sind Christen wie wir. Sie haben um ihres Glaubens willen gelitten. Sie sind dem Krieg entkommen, wo es nur Hunger und Elend gab. Wir haben eine gute Ernte weil wir Frieden haben. In einem anderen Lied heisst es:

Gottes Haus hat offne Türen.
Er ruft nicht nur uns,
auch die mit Not und Schuld.
Er nimmt sich Zeit für uns
und für die anderen.
Er ist unter uns in Brot und Wein.
Er teilt. Wir dürfen auch teilen.
Wir werden zu Boten seiner Gnade.

Jakob zitiert Mose 26:

Ihr werdet euer Brot essen bis ihr satt seid.
Ihr werdet sicher ohne Furcht auf eurer Erde wohnen.
Ich will Frieden schaffen auf der Erde.
Ihr werdet ruhen ohne Schrecken.
Ich werde die bösen Tiere von der Erde vertreiben.
Kein Schwert soll durch eure Erde ziehen.

Die fremde, junge Frau sucht bei uns den Frieden. Wir haben ihn. Wir teilen ihn mit ihr. Mögen wir Gottes Gebote verstehen. Wir ernten jetzt gut und reichlich. Wir können und dürfen teilen, weil Gott uns reichlich gibt. So werden wir zu Boten seiner Gnade.

Früchte

16

Segen

4. Mose 6 Vers 22 – 27

Aaron spricht zu seinen Nachkommen, wie sie den Segen weitergeben sollen. So soll es heissen:

Der Herr segne dich und behüte dich.

Der Herr lasse leuchten sein Angesicht über dir.

Der Herr erhebe sein Angesicht auf dich

und gebe dir Frieden.

Seit dieser Zeit sprechen alle Juden und Christen den Segen Gottes über der Gemeinde aus. So soll es geschehen. So geschieht es.

Als Pfarrerin in Leukerbad im Wallis habe ich so gehandelt. Ich spürte wie es wirkte. Die Gemeinde ging gesegnet nach Hause. Ob Kranke, Touristen, Krankenschwestern, Ärzte, Hotelbesitzer oder Angestellte, sie alle spürten die Wirkung des Segens. Sie waren gesegnet und gaben den Segen weiter. Ein Lied sagt:

Wenn wir jetzt weitergehen,
dann sind wir nicht allein.
Der Herr hat uns versprochen
bei uns zu sein.

Wir nehmen seine Worte
und Taten mit nach Haus
und richten unser Leben
nach seinem aus.

Er hat mit seinem Leben
gezeigt, was Liebe ist.
Bleib bei uns heut und morgen,
Herr Jesu Christ.

Segen und Fluch gehören zusammen. Sie gelten heute wie damals. Sie wirken. Der Segen hebt die Wirkung des Fluches auf. So habe ich es erlebt. So will ich es erzählen.

Meine älteste Tochter war mit zwei Jahren sehr schön, blonde Locken, blaue Augen, liebevoll und zärtlich. Ich hatte grosse Freude an ihr. Auch meine Eltern waren von ihr begeistert. Ich nähte und bestickte ihre Kleider selber. Es stand ihr gut.

Der älteste Bruder meines Vaters sah sie. Er hatte keine Kinder. Er sorgte dafür, dass mein Mann die begehrte Pfarre an der Marktkirche Hannover bekam, wo er wohnte.

Kaum kamen wir mit unserem Möbelwagen bei der Pfarrwohnung in Hannover an, stand er schon da und nahm Ruth mit. So ging es weiter. Kurz vor seinem Tod verfluchte er sie. Sie wurde traurig. In der Schule ging nichts mehr.

Dann bekam sie die Gelegenheit, als Austauschschülerin nach Amerika zu gehen. Die Frau meines Onkels war verbittert. Sie versuchte sie in Hannover zu behalten, aber sie reiste fort.

Die jüngeren Geschwister besuchten die alte Frau. An einem Sonntag hörten sie, wie sie laut schrie, dass sie Ruth verfluche. Sie beruhigten sie. Daheim erzählten sie von ihrem Erlebnis.

Ruth wurde selbstmordgefährdet. Die amerikanischen Eltern merkten es und baten uns, dass wir damit einverstanden seien, ihr einen netten Freund zu besorgen. So geschah es. Sie kam stolz und fröhlich nach einem Jahr zurück. In der Schule war sie ausgezeichnet. Nichts war von ihren Schwierigkeiten geblieben.

Jahre später heiratete sie. Der Mann hatte Angst vor der Armut, darum liess er ihr nicht seinen Samen. Sie wunderte sich, warum sie keine Kinder bekam. Das ständige Abbrechen führte zu einer psychischen Krankheit. Sie beging Selbstmord. Eine Freundin fand sie und brachte sie rechtzeitig in ein Krankenhaus. Ich reiste zu ihr. Sie hatte hohes Fieber. Der Arzt erklärte, dass sie wohl bald sterben werde.

Als ich sie fragte, was los sei, antwortete sie, dass ihr eine Pflegerin gesagt habe, dass Gott sie nicht mehr liebe. In der Psychiatrie war eine atheistische Therapie angewendet worden. Ich legte ihr die Hand auf und sprach ihr Gottes Segen zu, wie ich es früher bei ihr als Kind immer getan hatte. Da fragte sie, ob sie alles sagen müsse, was sie getan habe, um zu sterben. Ich antwortete, dass sie es selber wissen müsse. Als ein Arzt kam erklärte sie ihm, dass sie eine lange Stopfnadel in ihren Oberschenkel gestochen habe. Sie wurde operiert und kam durch.

Beides wirkt, Segen und Fluch. Der Segen vertreibt den Fluch. So geschieht es hier. So geschieht es in anderen Ländern. In 5. Mose 11 Vers 26 steht:

Siehe, ich lege euch heute vor
den Segen und den Fluch;
den Segen, so ihr gehorcht
den Geboten des Herrn, eures Gottes,
die ich euch heute gebiete;
den Fluch aber, so ihr nicht gehorcht
den Geboten des Herrn, eures Gottes,
und abweicht vom Weg,

den ich euch heute gebiete,
dass ihr anderen Göttern nachgeht, die ihr nicht kennt.

Fluch und Segen
in Europa wie in anderen Ländern
beides wirkt
das eine heilt
das andere tötet
Gott will das Leben
wo Menschen ohne ihn sind
herrscht Tod
Gott will Leben
wir segnen einander zum Leben

Segen

19

Gastfreundschaft

Richter 17 Vers 7 – 11

Ruben nimmt weinend von seinem toten Lehrer Abschied. Feierlich wird er bei seinen Vätern begraben. Die Leviten und Priester tragen ihn mit allen Ehren zu Grabe. Keiner trauert so sehr wie Ruben.

Em Ende der Feier ruft ihn einer der Priester zu sich. Er fordert ihn auf, den Tempel zu verlassen. Sie können ihn nicht gebrauchen. Es gibt andere, die seine Stelle einnehmen können.

Ruben packt seine Sachen und geht fort. Er weiss, dass seine Mitstudenten eifersüchtig auf ihn waren. Er war der Liebling des Lehrers. Wenn dieser die zehn Gebote auslegte verstand man sie gut. Er schächtete ein Lamm, fing das Blut auf und besprengte damit den Altar zur Vergebung der Sünden. Er fühlte sich dann immer ganz rein. Leider blieb das nicht so. Er hatte immer wieder böse Gedanken. Ruben blickt sich noch einmal tränenden Auges um nach Bethlehem. Dann läuft er weiter in Richtung Norden.

Er kommt in das Gebirge Ephraim zum Hause eines Mannes mit Namen Micha. Der steht vor der Tür und ruft ihn an: "Woher kommst du?" Ruben antwortet: "Ich bin ein Levit aus Bethlehem Juda und suche eine neue Aufgabe."-"Dann bleib hier. Wir brauchen jemanden für unsere Kapelle. Ich gebe dir zehn Silberstücke, Kleider und ein gutes Essen." Da bleibt Ruben.

Micha zeigt ihm die Kapelle, die er gebaut hat, den Altar und die Wohnung. Er bringt Wasser zur Reinigung und sagt ihm, dass er später in die Halle kommen möchte.

Micha geht zu den Schafen. Sein Meisterknecht begleitet ihn. Er sucht ein weisses Lamm aus, wäscht es im Trog und befiehlt dem Meisterknecht, es zu strählen. Dann lässt er die Familie und alle Angestellten sich im Teich baden, neue weisse Kleider anziehen, die Haare kämmen und mit Öl ihren Körper einreiben. Sie wallfahrten zur Kapelle.

Inzwischen hat Ruben sich vom Staub des Weges befreit, das Levitengewand angezogen und ein scharfes Messer eingesteckt. Feierlich tritt er in der Tür der Kapelle den Leuten entgegen. Er winkt ihnen zu knien. Dann singen alle: "Gelobt sei, der da kommt im Namen des Herrn. Halleluja!" Micha hebt segnend die Hände und spricht den alten Segen des Mose:

Der Herr segne euch und behüte euch.

Der Herr lasse leuchten sein Angesicht über euch

und sei euch gnädig.

Der Herr erhebe sein Angesicht auf euch

und gebe euch Frieden!

Die Gemeinde antwortet mit „Amen“. Micha nimmt das weisse Lamm auf den Arm.

Ruben winkt ihn in den Tempel. Ruben stellt die Silberschale auf den Altar, legt das Lamm hin, hält es fest und entblösst seinen Hals. Die scharfe Klinge blitzt auf. Das Blut strömt in die Schale. Ruben nimmt die Schale, giesst etwas auf den Altar, besprengt sich selbst, Micha und die Gemeinde. Er ruft laut:

Das Blut des Lammes reinigt euch von allen Sünden!

Sie singen alle wieder das Halleluja und das Ehre sei dir, Gott! Dann beginnt ein geschäftiges Treiben. Der Meisterknecht zündet ein grosses Feuer an und brät das Lamm. Die Frauen kochen Gemüse. Die Mägde putzen Obst. Die Jünglinge holen Wein und füllen die Becher.

Micha zerteilt das Lamm und gibt jedem ein Stück. Frauen stellen die Schüsseln mit Gemüse, Brot und Obst auf die Tische. Alle nehmen und essen. Dann erklingt Musik. Es wird getanzt. Die Männer und Frauen bilden je eine Reihe. Sie haben sich angefasst. Die Füsse fliegen hoch. Die Hände haben sich gefunden. Ineinander und umeinander kreisen die Reihen.

Als der Mond hoch am Himmel steht kehrt Ruhe ein. Freundlich blinken die Sterne. Ruben erhebt noch einmal die Hände und segnet alle. So endet der Tag.

Und wir? Wie verhalten wir uns? Von Kind an bin ich mit meinem Bruder zum Kindergottesdienst gegangen. In der Schule lernte ich im Religionsunterricht Psalmen und Lieder. Im Konfirmandenunterricht war es die Bergpredigt und alle dick gedruckten Stellen. Dann kam der Mädchenkreis, der Jugendgottesdienst in der Marktkirche in Essen, die Konfirmation im ersten Kriegsjahr und dann die Verfolgung als Jüdin erster Abstammung.

Meine Familie hatte überlebt. Ich legte das Abitur ab und studierte Theologie. Nach einem Semester verlobte ich mich mit einem Mitstudenten. Ich heiratete und studierte mit ihm weiter. Er legte dann das Pfarramtsexamen ab und ich ein Gemeindehelferinnenexamen.

Später, als die Kinder gross waren, studierte ich weiter und legte in Lausanne das Pfarramtsexamen und das Doktorat ab. Dann arbeitete ich als Pfarrerin in Leukerbad. Später übernahm ich Vertretungen. Jetzt bin ich alt. Immer noch freue ich mich an der schönen Natur im Wallis. Schliessen will ich mit einem Lied.

Segne und behüte
uns durch deine Güte.
Herr, erheb dein Angesicht
über uns und gib uns Licht!
Schenk uns deinen Frieden
alle Tag hienieden.

Gastfreundschaft

21

Treue

Ruth 1 Vers 1 – 2

Die Familie des Elimelech verlässt Bethlehem in Juda. Sie haben Hunger. Es gibt kein Korn und auch sonst nichts mehr dort. Sie finden in Moab genug zu essen. Sie finden auch Arbeit. Die Söhne heiraten Moabiterinnen. Dann stirbt Elimelech. Die Söhne sterben auch. Die Witwe erfährt, dass es in Bethlehem wieder genug zu essen gibt. Da kehrt sie zurück. Die beiden Schwiegertöchter begleiten sie bis zur Grenze. Dort schickt sie die beiden wieder nach Moab. Orpa geht, aber Ruth bleibt. Sie erklärt:

„Wo du hingehst, da will ich auch hingehen.
Wo du bleibst, da bleibe ich auch.
Dein Volk ist mein Volk, und dein Gott ist mein Gott.
Wo du stirbst da sterbe ich auch,
da will ich auch begraben sein.
Der Herr tue mir dies und das.
Der Tod muss mich und dich scheiden."

Bei einer Hochzeit heute sprechen das die Ehepartner. Wer denkt daran, dass es eine Schwiegertochter zu ihrer Schwiegermutter spricht?

Ruth geht mit Noemi nach Bethlehem. Sie weiss, dass es in Moab nur den Gott Kamosch gab. Er war grausam und rachsüchtig. In ihrer neuen Familie lernt sie den Gott Israels kennen. Sein Name ist „die Ursache des Seins". Er lässt es zu, dass Menschen einander Böses antun, aber er gestaltet die zerstörerischen Pläne um, damit neues Leben und Gerechtigkeit entstehen. Ruth will mit Noemi gehen um diesen Gott besser kennen zu lernen. Sie wird nicht enttäuscht. Sie erkennt seine Fürsorge. Noemi verschafft ihr Boas, ihren Verwandten, als neuen Ehemann. Sie wird glücklich. Sie bekommt Kinder. Noemi betreut das erste Kind, einen Sohn. Er wird zum Grossvater von David, dem König Israels. Sein Nachkomme wird Jesus, der Messias, der Erlöser aller Welt. Gott sorgt für seine Kinder. Er sorgt auch für Ruth, die ihn kennen lernt und ihn liebt. Er bezahlt für ihre Treue.

Immer wieder geschieht es, dass Menschen fortziehen müssen, weil ihr Land nicht mehr genug hergibt. So geschah es im Wallis, als der grosse Stockalper im 17. Jahrhundert in Brig lebte. Sein Grossvater war hingerichtet worden, als er um 1605 Soldaten aus Italien anwarb, um die Evangelischen in Leuk zu bekämpfen. Das Gesetz aber verlangte, dass jeder, der fremde Soldaten anwarb gegen seine Landsleute, zum Tode verurteilt wurde. Der Enkel hatte darüber solche Wut empfunden, dass er auf Rache schwor.

Er erbte viel Geld. Er lieh es aus, wenn die Bauern im Gantertal wegen einer schlechten Ernte Geld für Nahrungsmittel brauchten. Wenn es eine weitere schlechte Ernte gab forderte er ihr Land als Bezahlung. Er gab ihnen Arbeit in seinen

Bergwerken, in denen Gold und Silber vorkamen. Dann waren die Flöze leer. Es gab kein Edelmetall mehr. Da hatten die Leute keine Arbeit und keinen Verdienst. Sie mussten ausziehen. Es gibt dazu ein Singspiel und einen berührenden Gesang:

„Scheens Gantertal, miine Sunnustrahl,

gseh`n i di hiit zum letschtu mal.

Alli Luscht und Leid han i liecht ertreit,

in dine Wäldru und uf diiner Weid.

Muss i jetzt öu gaa und dich ganz verlaa,

ds Härz wird ewig ja fer dich nur schlaa."

Die Leute im Gantertal waren evangelisch wie die Leute in Leuk. Um 1590 setzte die Gegenreformation ein. Kaspar, Jodok Stockalper vom Thurm arbeitet ab 1630 als Handelsherr und Bänker. Er verlangt 5 – 6 % Zinsen und fordert Schuldbriefe oder andere Pfänder. Gibt es eine Missernte nimmt er den Leute ihr Land weg. Dann werden die Leute wütend auf Stockalper. Sie klagen ihn an wegen Betrugs, um ihn zum Tode zu verurteilen. Er flieht nach Italien, wo er auch Land und Geld besitzt. Die anderen müssen auswandern.

Sie wandern über die Pässe. In Graubünden bieten ihnen die Herren Land in grossen Höhen an. Sie sind es gewohnt, auf grossen Höhen ihr Vieh weiden zu lassen. Zunächst zahlen sie etwas an Vieh im Jahr, dann werden sie frei. Es gibt noch Kontakte zu ihnen vom Wallis aus. Man nennt sie heute Walser. Sie pflegen auch diese Kontakte. Sie bauen ihre Häuser aus gekreuzten Lärchenstämmen wie daheim, damit Lawinen ihnen nicht schaden können.

Manchmal glauben wir, dass unser Weg dunkel ist. Oft wissen wir nicht weiter. Gott hat seine Pläne mit uns. Als die klugen, gebildeten Evangelischen das Land verliessen, gab es keine solchen Leute mehr im Wallis. Auf den Schulen wurden nur Pfarrer oder Lehrer ausgebildet. Es dauerte bis 1970 ehe auch Walliser als Ingenieure oder Techniker hier eingesetzt werden konnten. Man holte aus der Deutschschweiz oder aus Deutschland die notwendigen Leute. Es waren evangelische. So entstand 1949 die erste evangelische Kirche im Wallis. Es kommen immer mehr zu dieser Kirche. Es ist die einzige Kirche weit und breit, die wächst und mehr Mitglieder bekommt. Es ist erstaunlich, was hier alles geschieht. Ich selber habe als Pfarrerin in Leukerbad gearbeitet. Ich bin immer noch mit dieser Gemeinde und anderen verbunden. Wir versuchen ökumenisch zu arbeiten, so weit das möglich ist. Wir laden einander zu unseren Gottesdiensten ein und geben sowohl in katholischen wie in evangelischen Gottesdiensten einander die Hostie oder das Brot. Wir wissen, dass wir vor Gott zusammen gehören. Er segnet unser Tun und Handeln.

Treue

23

Schatz

1. Samuelis 3 Vers 2 – 10 + 19

Anfang des letzten Jahrhunderts fand eine Familie in Südafrika im Sand der Wüste glitzernde Kristalle. Sie hoben sie auf und erkannten, dass es herrliche Brillanten waren. Sie verkauften die Steine für viel Geld. Dann fanden viele Leute solche Steine. Da wurden die Brillanten billig. Die Familie kaufte alles Land, wo diese Steine gefunden wurden. Es kamen nur wenige Steine in den Verkauf. Da gingen die Preise wieder hoch. Es wurden wertvolle Schmuckstücke daraus gewonnen. Sie lagen im Tresor einer Bank und kamen nur ans Tageslicht, wenn jemand sie bei einem Fest trug. Auch mit dem Gold, das man in Südafrika fand, wurde so verfahren. Die Schweiz kaufte viele Barren Gold und legte sie in die Nationalbank. Unser Geld beruht auf diesem Schatz, den niemand sieht.

Ist das nicht verrückt?

Da sieht niemand den Schatz in der Nationalbank, aber unsere Wohlfahrt hängt davon ab. Es werden Geldscheine gedruckt, die ihren Wert von dem eingelagerten Gold haben. Sie benutzen das Geld in gutem Glauben auf seinen Wert.

Auch in anderen Ländern geht es so zu wie in der Schweiz. Durch die Weltbank sind sie miteinander verbunden. In Amerika gaben die Banken immer mehr Kredite, um Häuser zu bauen. Keiner kontrollierte, ob der Gegenwert im Tresor liege.

Ist das nicht verrückt?

Amerika lebte auf Grund eines Schatzes, den niemand kontrollierte. Da kam die Krise, Finanzkrise und Wirtschaftskrise.

In Samuelis 3 Vers 2 – 7 heisst es:

„Es geschah an jenem Tage, dass Eli an seinem Ort schlief. Seine Augen fingen an nachzulassen. Er konnte nicht sehen. Die Lampe Gottes war noch nicht erloschen. Samuel schlief im Tempel des Herrn wo der Altar Gottes war. Der Herr rief Samuel. Und er sprach: “Hier bin ich.“ Er lief zu Eli und sprach: “Hier bin ich. Du hast mich gerufen.“ Er antwortete: “Ich habe dich nicht gerufen.“ Er kehrte um und schlief. Der Herr fuhr fort Samuel zu rufen. Samuel stand auf und ging zu Eli und sprach: “Hier bin ich. Du hast mich gerufen.“ Eli antwortete: “Ich habe dich nicht gerufen, mein Sohn. Kehre um und schlafe.“ Samuel kannte noch nicht das Wort des Herrn. Das Wort Gottes war ihm noch nicht offenbart.

Es ist Nacht. Der Priester Eli liegt auf seinem Bett. Der junge Samuel soll beim Altar wachen, damit er lernt, im Tempel zu dienen. Seine Mutter hat ihn als Dank dem Tempel gegeben, weil Gott ihr ihre Kinderlosigkeit genommen hat. In der damaligen Zeit war der Altar die Bundeslade, in der die heiligen Worte Gottes aufbewahrt wurden. Es gab auch noch keinen festen Tempel sondern nur das Stiftszelt, das als Tempel diente.

Ist das nicht verrückt?

Da soll der Junge lernen Gott zu dienen, aber keiner kennt das Wort Gottes. Er liegt neben dem grössten Schatz, den wir Menschen kennen, neben den wichtigsten Worten Gottes, aber er hat keine Ahnung, worum es geht.

Das Wort Gottes war ihm noch nicht offenbart.

Auch der Priester Eli hat nur eine vage Ahnung von diesem Wort. Er kennt seinen Namen nicht. Er redet von einem „Er". Wie die Menschen im Tempel kennt auch das Volk die Worte Gottes nicht. Keiner hat von ihm erzählt.

Wir mögen spöttisch lächeln über ein Volk, das seinen Gott und sein Wort nicht kennt. Aber sind wir besser? In der evangelischen wie in der katholischen Kirche gehen je länger je mehr die Jugendlichen nicht in die Kirche. Sie nennen sich noch Christen, aber sie kennen Gott und sein Wort nicht. Wie verhalten sie sich im Alltag? Es gibt zwar in jedem Haus Bibeln, aber wer liest darin? Was wissen wir noch von dem Schatz, der wohlbehütet im Bücherschrank ruht?

Ist das nicht verrückt?

Da hat uns Gott seinen grossen Schatz anvertraut, sein Wort und seine Gegenwart. Wie gehen wir damit um? Halten wir uns daran? Lieben wir Gott von ganzem Herzen, von ganzer Seele und mit allen Kräften? Sorgen wir füreinander und für uns selbst? Wenn ich mich umsehe, so sorgt jeder zunächst für sich selbst. Die Weltwirtschaftskrise bringt Arbeitslosigkeit und Hunger. Da sieht ein jeder zunächst einmal dazu, dass er selber genug hat.

Wie sieht es bei uns aus mit Ehrlichkeit, Ehebruch und Lügen? Wie gehen wir mit Geld um? Sammeln wir Schätze hier oder im Himmel?

Gott ruft Samuel ein drittes Mal. Da hört er auf das Wort Gottes. Er wird gross. Er gibt das Wort weiter. Er führt das Volk.

Auch heute ruft Gott Menschen in seinen Dienst. Sie sagen sein Wort weiter, um allen, die ihnen zuhören, Halt und Hilfe zu bieten. Wir müssen hingehen und uns anhören, was Gott will. Wir wollen ihn aufnehmen in unsere Herzen, mit ihm leben, mit ihm handeln, mit ihm denken und mit ihm träumen.

Schatz

25

Vergeben – vergessen

1. Samuelis 24 Vers 2 – 23

Junge Zwillinge werden im KZ Buchenwald von Dr. Mengele und seinem Ärzteteam als Versuchskaninchen behandelt. Sie werden Hitze und Kälte ausgesetzt, mit verschiedenen Medikamenten und unter unsäglich schlechten Bedingungen gehalten. Sie überleben. Dr. Mengele verschwindet in Argentinien. Andere Ärzte schaffen es nicht. Sie sitzen ihre Strafe ab und kommen wieder frei.

Die Schwestern überleben. Sie finden sich schwer im normalen Leben zurecht. Die Jahre vergehen. Jede Nacht träumen sie von ihren schrecklichen Erlebnissen. Die eine stirbt. Die andere sieht im Fernsehen einen der Ärzte aus dem KZ. Sie sucht seine Adresse und lädt ihn ein.

Er kommt. Er erkennt sie nicht. Sein Gang ist schleppend, seine Haltung gedrückt. Man sieht ihm seine Schuldgefühle an. Er wagt niemandem ins Auge zu sehen.

Die alte Frau geht auf ihn zu und reicht ihm die Hand zum Gruss. Da erkennt er sie und erschrickt. Was will sie von ihm? Wird sie ihm vorwerfen, was er verbrochen hat? Sie hat das Recht dazu. Aber nein, sie blickt ihn freundlich an und sagt:

„Ich vergebe Ihnen."

Der Arzt hebt seine Augen. Er reckt sich und steht gerade. Ja, sie meint es ernst. Es ist nicht zu fassen. Da brechen Tränen aus seinen Augen.

„Vielen Dank, vielen Dank, es ist nicht zu fassen, dass Sie das fertig bringen."

stammelt er. Er erinnert sich an die schlimmen Dinge, die er ihr angetan hat. Sie lebt. Sie hat ihm vergeben. Jetzt kann er ein neues Leben anfangen.

Sie lädt ihn zum Kaffee ein. Sie hat einen Kuchen gebacken. Sie geniessen Kaffee und Kuchen und sprechen miteinander über alte Erinnerungen und spätere Erfahrungen. Die alte Frau berichtet, dass sie jede Nacht im Traum wieder alles erlebt. Sie hofft, dass es nun aufhört.

Vergeben – vergessen

Vergeben – vergessen, das gilt auch für Saul und David. Die Soldaten wollen David überreden, sich an Saul zu rächen. Der hat ihn doch herumgejagt und will ihn töten. Er hat 3000 junge Männer dazu ausgewählt. Nun hat Gott Saul in Davids Hand gegeben. Er schläft im Eingang der Höhle, wo David sich hinten mit seinen Männern aufhält.

David denkt anders. Er will, dass Saul nichts geschieht. Saul ist der gesalbte König Israels, ihm darf nichts geschehen. Er schleicht sich zu Saul und schneidet ihm einen Zipfel seines Mantels ab. Dann kehrt er wieder um.

Als Saul aufwacht kniet David vor ihm. Er beugt seine Stirn bis auf die Erde, ein Zeichen seiner bedingungslosen Hingabe. Er zeigt ihm den Zipfel, den er abgeschnitten hat. Saul erkennt, dass David ihn hätte töten können, aber er hat ihn geschont. David beschwört ihn, nicht auf seine Hofschranzen zu hören. Er sieht ja nun, dass David ihn immer noch als seinen Herrn und König ansieht. Gott solle richten zwischen ihnen.

Saul bricht in Tränen aus. Er kann es nicht fassen. Wie ist so etwas möglich? David hätte jedes Recht gehabt ihn umzubringen. Aber nein, er vergibt ihm. Er begrüsst ihn als König und Herrn, den Gesalbten Gottes. Saul bittet nun, dass David seine Nachkommen schonen möge, damit sein Name nicht ausgerottet werde in Israel. David schwört es. Dann zieht jeder seines Weges.

Vergeben – vergessen

Das Problem kenne ich auch. Ich bin dem Holocaust entkommen, aber in den Nächten erlebe ich wieder, was damals geschah. Ich sehe unser brennendes Haus, den Stacheldraht um den Aussenposten des KZ Dora, wo mein Vater gefangen ist, höre den Lagerleiter, der sagt: “Ich habe sie nicht gesehen, sonst müsste ich sie erschiessen“. Die Folgen dauern an bis heute.

Mein Mann erklärte, als er um meine Hand anhielt, er sei nicht in der Partei gewesen. Das war für mich die einzige Bedingung für eine Heirat. Die Propaganda der Nazis ging in die Tiefe und wirkte dort.

Dann wurde er angeklagt wegen falscher, eidesstattlicher Aussage. Er sei doch in der Partei gewesen. Wir waren schon fast ein Jahr verheiratet. Er gab mir die Akten und bat mich, einen guten Rechtsanwalt zu besorgen. Ich ging zu seinem Vater um die Wahrheit zu erfahren. Er zeigte mir ein Foto meines Mannes in der braunen Uniform. Er besorgte mir aber auch einen Notar und Rechtsanwalt, der die Akten verschwinden liess.

Dann wurde im Inneren meines Mannes die Propaganda wirksam. Er versuchte, mich, sich und unsere Kinder umzubringen. Heute weiss ich, dass er an einem Borderline Syndrom litt. Einige der Kinder wurden psychisch krank und starben. Erst nach einer Familientherapie konnte ich ein Buch darüber schreiben.

Es hat mich berührt, was diese Zwillingsschwester getan hat. Ob ich es auch kann?

Vergeben – vergessen

Jesus hat seinen Peinigern am Kreuz vergeben. Er zeigt uns, was es bedeutet. Mögen wir ihm nachfolgen.

Vergeben – vergessen

27

Leben

1. Könige 19 Vers 4 – 8

„Gang nit“ so heisst in der Schweiz eine Organisation, die hilft, wenn jemand nicht mehr weiter weiss. Es ist so wichtig, dass jemand Hilfe bekommt, wenn er in Schwierigkeiten steckt und an Selbstmord denkt. Es gibt mancherlei Gründe für eine solche Situation. Ich habe das öfter in Leukerbad als Pfarrerin erlebt. Da gab es Männer, die beim Hochleistungssport gestürzt waren und querschnittsgelähmt blieben. Sie sahen keine Hoffnung mehr.

Manche waren bei der Arbeit gemobbt worden und kamen nicht zurecht. Es ging wohl auch in der Ehe schief. Wenn ich das merkte gab ich der Stationsschwester und dem Arzt Bescheid. Wir bemühten uns alle. Da geschah es wohl, dass die Leute merkten, dass das Leben mehr ist als die Leistung.

Als ich noch Lehrerin am Kollegium in Brig war habe ich meine Schülerinnen und Schüler darauf aufmerksam gemacht, wie sie solche Gefahren bei ihren Mitschülerinnen und Mitschülern erkennen können, um dann Hilfe zu leisten. Es gibt immer mehr junge Leute, die Selbstmord begehen. Es gibt sogar Vereine wie Exit und andere, die Menschen helfen zum Selbstmord.

Diese Frage hat über Jahrtausende die Menschen bewegt. Selbst der Prophet Elia, ein Mann Gottes, kommt in die Versuchung. In 1. Könige 19 Vers 4 – 8 heisst es:

„Von Beerscheba aus ging Elia einen Tag in die Wüste. Er setzte sich unter einen Ginsterstrauch. Er verlangte zu sterben. Er sprach: “Es ist genug, Herr, nimm mich weg, denn ich bin nicht gut genug, dein Diener zu sein.“

So ist das. Selbst ein grosser Prophet wie Elia sieht kleinen Ausweg mehr. Zuerst scheint alles zu klappen. Er kann nachweisen, dass der Gott Israels grösser ist als die Götter der Phönizier, die Baalim. Gott schickt seinem Diener das nötige Feuer, aber die 400 Priester der Baalim können das nicht. Das Volk ist begeistert über die Tat des Elia.

Da tötet Elia alle Priester der Baalim. Ist das richtig? Sie stehen unter dem Schutz des Königs, denn er hat seiner Frau Isebel erlaubt, ihre Religion nach Israel zu bringen. Elia hat sich gegen das Gebot des Königs vergangen. Die Königin lässt ihm sagen, dass sie ihn genau so umbringen wird, wie er ihre Priester umgebracht hat. Elia flieht in den Süden nach Beerscheba.

Dort hört er, dass das Volk wieder von Gott abgefallen ist. Seine Arbeit hat nichts gebracht. Es war alles umsonst. Was nun? Wer ist schuld an dem Misserfolg? War Gott gegen ihn? War er nicht gut genug?

Die Fragen quälen ihn. Er kann nicht mehr. Er will nicht mehr. Er will sterben, dann ist alles aus. Dann gibt es keine Fragen mehr, keinen Misserfolg. Er läuft in glühender Hitze durch die Wüste ohne Essen und Trinken. Sein Bauch ist leer. Sein Kopf ist leer. Seine Seele ist leer. Er bricht zusammen unter einem Ginsterstrauch. Er schläft ein, Schluss!

Weiter heisst es im Text: „Elia legte sich unter einen Ginsterstrauch und schlief ein. Und siehe, ein Bote berührte ihn und sprach: "Steh auf uns iss!" Er blickte auf – und siehe, ein Brotfladen und ein bauchiger Krug mit Wasser! Er ass und trank, kehrte sich um und legte sich wieder hin."

Elia spürt etwas an seiner Schulter. Er hat so fest geschlafen. Er hat Mühe wach zu werden. Was ist das? Er hört eine Stimme. Wer spricht da? Es heisst, er soll aufstehen und essen. Hier in der Wüste? Da gibt es doch nichts. Dann sieht er sich um. An seinem Kopf liegt ein Brotfladen, darüber steht ein bauchiger Krug mit Wasser. Wo kommt das her? Die Stimme ist so plötzlich da. Auch Brot und Wasser sind da. Was ist da los? Hat Gott etwas damit zu tun?

Aber Elia mag jetzt nicht drüber nachdenken. Er nimmt den Krug und trinkt. Das tut gut. Dann nimmt er auch das Brot und beisst kräftig hinein. Essen und Trinken, der Bauch wird langsam voll. Ein wohliges Gefühl durchströmt ihn. Die Müdigkeit überwältigt ihn. Er legt sich hin und schläft wieder ein.

Es ist eine alte Erkenntnis. Wer Durst und Hunger hat, wer müde ist und nicht mehr weiter weiss, der denkt an den Tod. Da braucht er sich um nichts zu kümmern.

Wer aber einen vollen Bauch hat und die Möglichkeit zu schlafen, der denkt nicht mehr an Selbstmord. Wozu auch? Es wird schon irgendwie weiter gehen. Es gibt sicher eine Möglichkeit. Der Mut kehrt zurück. Die Freude am Leben kehrt zurück. Heute wie damals brauchen wir Menschen, die uns Mut machen, die für uns da sind. „Gang nit!" Diese Organisation weiss, worum es geht. Sie helfen und kümmern sich um die Menschen, die sie brauchen.

Nun muss man nicht einer solchen Organisation angehören. Wir können auch so Augen und Ohren offen halten. In unserer Umgebung zeigen Leute durch kleine Zeichen, wie es ihnen um das Herz ist. Wir brauchen Menschen, die bewusst durchs Leben gehen und gerne helfen. Sie können überlegen, ob sie sich einer solchen Aufgabe gewachsen fühlen und mithelfen wollen, Mut zu vermitteln und Leben zu retten. Wenn einer dem anderen in Liebe nahe ist, wie Jesus uns das gelehrt hat, dann können wir gemeinsam das Leben meistern in einer Gemeinschaft, die uns trägt und hält. Die Kirche ist eine solche Gemeinschaft. Der Gottesdienst ist eine solche Gemeinschaft. Wir sind aufgerufen, in dieser Gemeinschaft zusammen zu leben und zu lieben.

Leben

Wüste

1. Könige 19 Vers 9 – 13

Ruth wandert mit ihrer Familie von Saas Fee hinauf zum Spielboden. Sie will bis zum Gletscher kommen. Zunächst geht es gemütlich durch die Wiesen. Dann beginnt der Aufstieg. Im Zickzack schlängelt sich der Pfad durch die Steine der Seitenmoräne. An wenigen Stellen gibt es etwas Gras oder niedriges Gebüsch. Sie sieht wie weit der Gletscher in letzter Zeit zurückgegangen ist. Ob das wirklich am Klimawandel liegt? Die Gletscher sind immer vor- und zurückgegangen.

Sie ist so in Gedanken, dass sie durch ein Pfeifen aufgeschreckt wird. Ein Murmeltier warnt seine Artgenossen. Sie hört rundum Rascheln und Schritte. Der Sohn reisst seinen Photoapparat hoch und schiesst schnell ein Bild.

Ruth denkt an die Wege durch die Wüste in Israel, die sie gegangen ist. Da ist die schmale Strasse von Jerusalem nach Jericho mit dem Karawanserai „zum barmherzigen Samariter“. Da ist die Wüste vor dem Berg Horeb, auf dem Mose die zehn Gebote von Gott empfangen hat. Das wartende Volk unten hatte sich aus Gold ein Kalb erbaut und es angebetet. In einem Felsen sieht man so etwas wie ein Kalb. In der Wüste hat das Volk gegen Mose und Gott gemurrt, weil es Hunger und Durst hatte. Mose hat mit einem Stab Wasser aus einem Felsen geschlagen. In der Nacht kam Manna durch die Luft geflogen und hat die Leute gesättigt. In der Wüste ist Jesus vierzig Tage lang versucht worden.

Wüste

Von Elia heisst es in 1. Könige 19 Vers 9

Und er kam dort zu einer Höhle

und er ging dahin.

Elia ist durch die Wüste gewandert zum Berg Horeb. Die Höhle des Elia habe ich dort gesehen.

Höhlen gibt es viele im Wallis. Ich bin in einer Höhle gewesen, wo man um 1905 Gold geschürft hat. Es gibt im Zwischbergental mehrere Stollen, die verlassen worden sind, weil die Ausbeute nicht mehr lohnte. Überall findet man die Geräte, die zur weiteren Verarbeitung gebraucht wurden, eine Steinmühle zum Zerkleinern des Gesteins, den Bach zum Auswaschen des Goldes. Heute fängt man wieder an und sucht Gold auszuwaschen.

In den Ingenieurwohnungen haben sich verschiedene Leute Sommerwohnungen ausgebaut. Die Unterkünfte der italienischen Arbeiter liegen oben neben dem Stollen. Die Stollen sind so eingerichtet, dass das Wasser abfliesen kann.

Höhlen und Stollen bieten Schutz vor Regen und Sonne. Sie sind gefährlich wenn es Erdbeben gibt.

Elia ist lange durch die Wüste gewandert ohne Essen und Trinken kraft einer Speise, die ihm ein Bote Gottes gegeben hatte. Er hatte sterben wollen, weil all sein Tun vergeblich schien, aber Gott wollte ihn noch gebrauchen. Er durfte nicht sterben. Er hatte noch einen Auftrag zu erfüllen.

Als er endlich am Horeb ankommt ist er müde. Er findet eine Höhle und legt sich dort hinein zum Schlafen. Er braucht jetzt Ruhe. Er muss neue Kräfte sammeln. In der Höhle ist er sicher vor dem Wetter, vor Regen und Sonne, vor Gewitter und Hagel. Er denkt, dass er sicher sei, aber es stimmt nicht. Gott weiss es besser. Wenn ein Erdbeben kommt wird er erschlagen. Die Höhle ist nicht sicher. Gott weiss, wann eine Höhle sicher ist und wann nicht.

Er spricht zu Elia: Gehe hinaus

und stehe auf dem Berg vor dem Herrn.

Und siehe, der Herr geht vorbei.

Und ein grosser Wind,

und die Felsen zerreissen,

die Berge zerschmettern.

Und die Felsspitzen stürzen um vor dem Herrn.

Es gibt kein Fliehen vor Gott.

Und danach ein Wind, der springen lässt.

Aber der Herr ist nicht im Beben. Gott ist nicht im Feuer.

Und nach dem Feuer eine Stimme wie ein säuselnder Wind und zart.

Und es geschah, als Elia es hörte,

verbarg er sein Antlitz mit seinem Mantel.

Er ging hinaus und stand vor der Höhle.

Siehe, eine Stimme sprach:

Was ist mit dir, Elia?

Elia könnte Gott sehen, aber er verbirgt sein Gesicht mit seinem Mantel. Er weiss, wer Gott sieht muss sterben. Zuerst ist ein Erdbeben gekommen. Er wäre gestorben, wenn er in der Höhle geblieben wäre. Er spürt die Heiligkeit dieses Ortes. Es geht ein Geheimnis von diesem Berg aus. Dort hat Mose die zehn Worte erhalten, die dem Volk Frieden und Glück bringen, wenn sie sich danach richten. Dann erfährt Elia, dass er seinen Nachfolger einsetzen soll. Dann soll er direkt zu Gott kommen ohne zu sterben.

Jesus hat uns versprochen, dass wir nach unserem Tod zu ihm in die Gegenwart Gottes kommen.

Auf dem Weg zum Gletscher sieht Ruth den Berg Alalin. Er sieht wie der Buckel eines Tieres aus. Er wird viel begangen, weil eine Metro hochfährt. Man ist schnell oben und hat eine wunderbare Aussicht auf die Berner und Walliser Alpen.

Der Name ist arabisch. Vor gut tausend Jahren kamen Sarazenen hierher. Wie viele Völker hatten sie die Vorstellung, dass Gott auf einem Berg wohnt. Al ist arabisch, El ist hebräisch, beides heisst Gott. So kommt es, dass es im Wallis den Alalin gibt und im Sinai den Horeb. Die Araber hängen den Artikel hinten an. Es heisst also Ala. Lin heisst schlafen. Der Berg heisst also, dass Gott dort schläft. Für die Israeliten schläft Gott nicht, denn er wacht über die Welt und die Menschen. Wir Christen haben es übernommen von den Juden, dass Gott nicht schläft, sondern über uns wacht und uns behütet. Wir wissen, dass wir behütet sind in der Gegenwart Gottes. Er ist bei uns. Er hilft uns. Wir dürfen sicher sein, wo immer wir uns befinden.

Wüste

Heilen

2. Könige 5 Vers 1 – 15

Anna kommt mit ihren Eltern nach Israel. Sie finden ein Haus am See Genezareth und ziehen dort ein. Das Haus hat einen Sicherheitsraum, denn von Syrien oder dem Libanon kommen manchmal Geschosse, vor denen man sich schnell in Sicherheit bringen muss. Israel ist ein gefährlicher Ort. Die Nachbarn lassen sie nicht in Frieden. Anna spielt vor dem Haus. Die Eltern arbeiten weiter weg.

Plötzlich kommen Fremde heran, ergreifen das kleine Mädchen, stecken es in einen Sack und bringen es in einen Kofferraum. Sie fahren schnell davon. Anna kann nicht um Hilfe rufen. Nach einer Weile hält das Auto, sie wird herausgezerrt und in einen Keller gebracht. Dort wird sie von dem Sack befreit, aber sie kann den Keller nicht verlassen. Sie bekommt zu essen und zu trinken, aber sie fürchtet sich. Sie ist alleine.

Nach einiger Zeit öffnet sich die Türe. Soldaten kommen herein. Sie befreien das Mädchen, aber sie lassen sie nicht nach Hause. Zwischen Israel und Syrien besteht kein Kontakt, darum nehmen die Soldaten sie mit nach Syrien. Der General übergibt sie seiner Frau. Der Austausch braucht lange Zeit.

Vor einiger Zeit gab ich diesen Text einem Schüler zur Hebräischprüfung. Er übersetzte nicht: "Die Syrer zogen aus „wie Räuber“ sondern „gegen die Räuber“. Er begründete seine Übersetzung mit der eben erzählten Geschichte, die er in einer Zeitung gelesen hatte. Dabei waren Palästinenser wie eine Räuberhorde beschrieben gegen die syrische offizielle Truppen eingeschritten waren, um die Ordnung im Grenzgebiet wieder herzustellen.

Der Prüfling erklärte weiter, dass dann auch verständlich war, warum das Mädchen dem General den Rat gegeben hatte, der zu seiner Genesung führte. Sie suchte in dem Haus, in dem sie Zuflucht gefunden hatte, für alle das Beste.

Es geht aber nicht nur darum, sondern darum, dass Gott seine Macht zeigt. Anna weist auf den Propheten hin, der eine solche Macht von Gott bekommen hat. Elisa vermag dank seiner Beziehung zu dem Herrn mehr als andere Menschen. Er tritt souverän auf. Er greift in die Geschichte ein, wo der König Israels nicht mehr weiter weiss. Der König scheint weniger zu wissen von dem Propheten als das Mädchen.

Hier zeichnet sich schon ab, dass Jesus einmal sagt, dass die Kinder dem Reich Gottes näher sind als die Erwachsenen. Ein kleines Mädchen weiss da zu helfen, wo der König versagt.

Von Anfang an möchte der Erzähler die Ehre und Macht Gottes bezeugen. Selbst der syrische General kann nicht aus eigener Kraft die Kriege für seinen Herrscher gewinnen. Es ist Gott, und hier steht das Tetragramm, der Eigenname Gottes, übersetzt von den Juden mit „der Herr“, der Sieg oder Niederlage des Generals Naaman bestimmt. Der General hat das noch nicht begriffen.

Er zeigt deutlich, was er von Gott hält, als er bei Elisa, dem Gottesmann, draussen bleibt. Er erwartet, dass der Prophet zu ihm herauskommt.

Naaman ist doch der Herr, der grosse und mächtige Mann, vor dem sich alle beugen. Aber Elisa beugt sich nicht. Er kommt nicht heraus. Er schickt nur einen Boten, so wie man einem Bettler jemanden schickt, um ihm eine Kleinigkeit zu überreichen. Der Bote bringt einen Befehl: "Wasche dich siebenmal im Jordan!" Mehr hat der Bote nicht zu sagen. Es ist keine Bitte, keine Empfehlung. Der Mann Gottes befiehlt dem grossen General sich zu waschen.

Ist das noch zu fassen? Wie kann Elisa so sein? Ist er so stolz?

Es geht hier nicht um Elisa, es geht um Gott. Das macht der Prophet deutlich. Vor Gott ist der grosse Kriegsheld klein. Da nützen ihm seine Pferde und Streitwagen nichts.

Das ist zuviel! Naaman wir wütend. Dazu ist er nicht gekommen! Seine Begleitung hat die Situation besser verstanden. Sie bitten ihn und erweisen ihm die nötige Ehre. Sie schmeicheln: "Tu doch, was der Prophet sagt. Es ist eine Kleinigkeit. Tu es doch."

Da verfliegt der Zorn des grossen Mannes. Eigentlich haben seine Diener recht. Das kann er doch versuchen. Es ist keine grosse Sache und nimmt auch nicht viel Zeit in Anspruch.

Er steigt von seinem Pferd herab und begiebt sich hinab zum Jordan. Er wäscht sich siebenmal. Da wird seine Haut rein und frisch. Der Kriegsheld bekommt eine Haut wie ein Jüngling, neu und glatt.

Wir wissen nicht was für eine Hautkrankheit es war. Es geht aber nicht um ein Wunder oder sonst etwas, es geht um Gottes Macht.

Naaman bestätigt nun, dass der Gott Israels der einzige Gott ist, den es auf der Erde gibt. Er will von nun an ihm dienen. Es geschieht alles zur Ehre des Herrn.

Die Mutter hat das Mädchen erzogen, damit es Frieden stifte. Wozu erziehen wir heute unsere Kinder? Die Hamas erzieht ihre Kinder zum Steinewerfen oder zu Sebstmordattentätern. Wozu erziehen wir unsere Kinder? Wir sollen ihnen sagen, dass Gott will, dass wir ihn lieben, uns selbst und unseren Nächsten wie uns selbst.

Jesus hat uns das Gleichnis vom barmherzigen Samariter erzählt. Es kommt darauf an, dass ich erkenne, wer meine Hilfe braucht und wie ich ihm helfen kann.

Möge Gott uns helfen die rechten Entscheidungen zu treffen!

Heilen

34

Der Fremde

1. Könige 8 Vers 41 – 43

David hat den Ehemann der Bathseba töten lassen, darum darf er kein Haus bauen für Gott. Sein Sohn Salomo baut es, herrlich geschmückt mit allem was er finden kann, mit Zedern vom Libanon, Kupfer und Gold. Dann bringen die Priester die Bundeslade mit den zwei Tafeln der zehn Worte Gottes in das Allerheiligste. Sie steht nun nicht mehr in einem Zelt sondern darf ruhen im Tempel.

Der Tempel ist Gottes Wohnung. Er soll aber nicht nur für das Volk Gottes sein, sondern für alle, die dort den Herrn anbeten wollen. Hier zeichnet sich schon ab, was Jesus im neuen Bund deutlich zeigt. Gott ist für alle Menschen da, die an ihn glauben und ihm vertrauen, Christen, Juden, Muslime, Buddhisten und Hinduisten. Es kommt nicht darauf an, wie sie sich nennen, sondern wie sie handeln.

Es gilt auch dem Fremden von Anfang an. Hass gegen Katholiken, Lutheraner, Reformierte, Orthodoxe, Baptisten, oder alle, die es im christlichen Bereich gibt, Orthodoxe, Liberale oder Soziale im Judentum, Sunniten oder Schiiten bei den Muslimen, sie alle gelten als Anhänger des einen Gottes, wenn sie tun was er will. Er regelt ihr Zusammenleben im Frieden.

In Vers 42 heisst es:

„Wer gehört hat von deinem heiligen Namen und von deiner starken Hand,

deinem ausgestreckten Arm und kommt in dieses Haus um anzubeten."

In der heutigen Zeit können alle Menschen von Gott hören. Sein Name ist bekannt überall. Die Mission früher hat dazu geführt, dass Zwillinge und Missgebildete bei den Eingeborenen nicht mehr getötet werden. Die Menschen wissen heute, dass Gott alle Kinder liebt, darum sollen sie nicht angetastet werden sondern leben. Früher dienten Kriegstänze dazu, dass sich die Leute gegenseitig töteten. Heute trifft man sich im Gottesdienst, um den Herrn zu loben und zu ihm zu beten.

Auch die Muslime treiben Mission in Afrika und anderen Ländern. Wo immer sie Gott anbeten in Toleranz und Achtung vor den anderen Menschen, da herrscht Frieden. Gefährlich wird es wenn Al Kaida aufruft zum Mord an denen die anders denken. Vers 43 heisst es:

„Du hörst im Himmel, wo du wohnst,

alles, was gesagt wird von deinem Bleiben."

Wohnt Gott im Himmel? Was bedeutet Himmel? Im Hebräischen heisst es: „Dort ist Wasser". Das ist deutlich. Gott schuf Himmel und Erde, heisst es am Anfang in der Bibel. Vom Himmel kommt das Wasser, das die Erde braucht um fruchtbar zu sein. Der Himmel ist wichtig für uns, darum schuf Gott ihn am Anfang. Es ist aber nicht seine Wohnung, denn er schuf ihn für uns Menschen.

Wo lebt Gott?

Das haben sich die Menschen schon oft gefragt. Wo ist seine Wohnung? Als Jesus von seinen Jüngern Abschied nahm stieg er mit ihnen auf einen Berg. Da kam eine Wolke und nahm ihn fort. Die Jünger starren in den Himmel, darum sprechen wir von Himmelfahrt. Ein Bote erklärt ihnen, sie sollen nicht in den Himmel starren, denn Jesus sei bei seinem Vater. Da bleibt die Frage, wo der Vater sei. Jesus erklärt seinen Jüngern, dass er im Vater sei und der Vater in ihm. Er sei in ihnen und sie in ihm. Gott ist in uns und nicht da oben. Es gilt:

Gott ist in uns.

Gott ist uns nahe.

Wir sind nicht allein.

Der Fremde

36

Glücklich

Psalm 1

Glücklich ist der Mensch, der nicht geht in den Rat der Gottlosen,
der nicht tritt auf den Weg der Sünder
und nicht sitzt auf dem Sitz der Spötter,
sondern hat seine Freude am Wort Gottes
und sinnt darüber nach bei Tag und Nacht.

Im Rhonetal lebt ein pensionierter Pfarrer mit seiner Frau. Sie bewohnen ein hübsches Häuschen und pflegen den Garten. Am Rande fliesst ein Bach vorbei, der reichlich Wasser führt. Die Obstbäume gedeihen gut im sonnigen Rhonetal. Die Kirschbäume am Bach aber hängen jedes Jahr übervoll mit saftigen, roten Früchten. Sie laden im Sommer die Alten der Gemeinde ein zu Tee und Kuchen. Vorher sind alle im Haus und hören ein Konzert für Klavier und Flöte. Der Pfarrer gibt eine Meditation und alle singen:

„Geh aus, mein Herz, und suche Freud
in dieser lieben Sommerzeit
an deines Gottes Gaben.
Schau an der schönen Gärten Zier.
Und siehe, wie sie mir und dir
sich ausgeschmücket haben.“

Dann gehen sie in den Garten und geniessen Tee und Kirschkuchen. Die Pfarrfrau zitiert:

„Er wird sein wie ein Baum,
gepflanzt am Wasserbach,
der seine Frucht bringt zu seiner Zeit,
und sein Laub verwelkt nicht.
Alles, was er tut, gelingt.“

Die Kirschen schmecken saftig und süss. Jeder bekommt noch einige mit nach Hause. Mit dem früchtetragenden Baum beschreibt der Psalmist den glückliche Menschen. Nun möchte jeder glücklich sein. Es ist unsere Art das Glück zu suchen. Das ganze Buch der Psalmen steht unter der Überschrift:

Glück

Da heisst es, dass der Mann glücklich ist, der Freude hat am Wort Gottes.

Im Augenblick lese ich von Jeremias Gotthelf den Roman: "Jakob des Handwerksgesellen Wanderungen durch die Schweiz“. Da beschreibt der Dichter einen jungen Mann, der sich gerne nach der Meinung der Mehrheit richtet. Seine eigenen Überzeugungen sind nicht stark genug, dass er darauf beharren könnte. Solange er bei seiner Grossmutter lebt und einen gläubigen Meister hat, lebt er wie ein rechter Christ, geht Sonntags in die Kirche und richtet sich im Alltag nach dem, was er in der Predigt gehört hat.

Als er aber auf Wanderschaft geht trifft er auf gottlose Gesellen, die auf Pfaffen und Reiche schimpfen und von einer Zeit träumen, in der sie ohne Arbeit Wein und Mädchen geniessen können. Sie wollen wie die Herren leben, gut essen und trinken, bequem und warm wohnen, alle Köstlichkeiten dieser Erde um sich sammeln und nichts dafür tun. Sie spotten über Gottes Ordnung und witzeln über die altmodischen Leute, die noch unter der Kanzel sitzen.

Jakob schliesst sich ihnen begeistert an. Sie nennen sich freisinnig und liberal. Auch Meister gehören dazu. Sie schwingen grosse Reden, versäumen die Arbeit und können dann den Lohn nicht mehr auszahlen. Jakob geht nicht mehr zur Kirche. Er vertut sein Geld mit Mädchen. Abgerissen zieht er weiter. Nichts passt ihm. An allem übt er Kritik.

In meiner Pfarre besuchte ich einen jungen Mann. Daheim war er mit seinen Eltern fleissig in den Gottesdienst gegangen. Es war eine glückliche Jugend für ihn. Dann zog er in die Fremde. Die anderen Köche und Angestellten gingen nicht in die Kirche. Sie hatten auch oft Dienst am Sonntag. Er verlor den Kontakt zu Jesus. Er lebte wie seine gottlosen Kameraden. Es heisst:

Glücklich ist der Mann, der nicht geht in den Rat der Gottlosen,

der nicht tritt auf den Weg der Sünder

und nicht sitzt auf dem Sitz der Spötter.

Anders wird es als er erkennt, dass er nicht glücklich ist. Er denkt daran, dass der Mann glücklich ist, der über das Wort Gottes nachdenkt bei Tag und bei Nacht. Er erfährt den Reichtum, den die Vorfahren dort aufgezeichnet haben. Er geht wieder am Sonntag zur Kirche, wenn er frei hat, und besucht den Gottesdienst. Er gehört wieder dazu.

Psalm 1 möchte uns Mut geben zur Gemeinde zu gehören. Wenn wir nach seinem Wort leben werden wir glücklich.

Glücklich

Finden

Psalm 2

In den Walliser Bergen merken wir wie wichtig es ist den rechten Weg zu finden. Ein junger Mann wollte die Torrent hinunter laufen. Er fand den richtigen Weg beim Wolfstritt nicht und stürzte ab. Er blieb in einer Tanne hängen und musste warten bis die Rettungsmannschaft ihn fand. Er hatte die Füsse und das Rückgrat gebrochen. Er lag lange im Krankenhaus bis er wieder arbeitsfähig war.

Den rechten Weg finden.

Psalm 2 beschreibt den rechten Weg von der positiven und negativen Seite.

„Warum bewegen sich die Völker so unruhig?

Die Nationen sinnen vergeblich nach.

Die Könige der Erde stellen sich zum Kampf auf.

Die Fürsten setzen sich zusammen gegen Gott und seinen Gesalbten.

Wir wollen ihre Fesseln zerreissen!

Wir wollen ihre Stricke abwerfen!

Der im Himmel sitzt lacht.

Mein Herr spottet über sie.

Dann spricht er zu ihnen in seinem Zorn.

In seinem Grimm erschreckt er sie.

Zunächst wird der Grössenwahn der Völker beschrieben. Auch die einzelnen Menschen sind nicht besser. Ein junger Mann schloss sein Abitur mit glänzenden Noten ab. Dann studierte er ebenso intensiv. Er wirkte wie ein Komputer. Er kannte alle Daten und Vorkommnisse. Er fand im wissenschaftlichen Bereich neue Wege. Er glaubte, dass er alles erreichen könne. Er fühlte sich als Herr, als mächtigen Eroberer. Er wollte es allen Menschen zeigen. Jeder sollte genug zu essen und zu trinken haben, ein Haus, ein Auto, alles was es nur gab. Er setzte sich zusammen mit anderen Menschen. Sie wollten sein wie Gott. Ihr Gott hiess Reichtum, Macht und Ansehen.

Sie wollten ihre Fesseln abwerfen.

Sie wollten ihre Stricke zerreissen.

Ihre Fesseln waren Gerechtigkeit und Recht.

Ihre Stricke waren Frieden und Ordnung.

Grössenwahn

Sie könnten glücklich leben. Sie besitzen überreichlich. Sie wissen nichts von Gott. Sie haben keine Erkenntnis von seinen Worten. Sie erfahren den Zorn Gottes und seinen Grimm. Sie denken, die Zauberformel heisse Fortschritt. Gott lacht über sie.

Die Technisierung und die Materialisierung des Lebens hat die Menschen verführt. Sie glauben, dass der Wohlstand in der Schweiz und in Deutschland den Menschen alles bietet, was sie brauchen. Ist der Wohlstand ein Zeichen des Geborgenseins? Welches sind die Lebenswerte? Womit werden wir glücklich? Die Fragen nach dem Sinn des Lebens, nach der Arbeitshaltung und der Familie werden neu gestellt. Welche Antworten geben wir darauf? Vers 6 und 7:

Ich will meinen König einsetzen auf Zion, dem Berg meines Heiligtums.

Ich will erzählen von den Weisungen Gottes.

Wir haben in Deutschland und in der Schweiz jahrelang von der Liebe Gottes gesprochen. Der Zorn gehört dazu. Wenn mir jemand gleichgültig ist dann schaue ich ungerührt zu, wenn er in sein Verderben rennt. Wenn aber eines meiner Kinder auf einem falschen Weg ist, dann warne ich es, ja, ich tue alles, um es auf den rechten Weg zu bringen. Wir hier in Europa sind nicht besser daran als falsche Eltern. Wir haben zwar in der Verfassung stehen: "Mit Gott". In der Schule rückt der Religionsunterricht an den Rand. Was wissen unsere Kinder noch vom Wort des Herrn? Die Jugend kennt die Ordnungen nicht mehr, auf die es ankommt. Sie nehmen an, Gott sei wie ein Opa, der vor sich hindöst auf dem Altenteil. Sie brauchen ihn nicht mehr. Sie tun alles selber.

Ohne Gott wird die Jugend grössenwahnsinnig und endet im Selbstmord. Davon haben wir genug. Sie halten nichts mehr aus. Sie sind nicht mehr belastbar. Sie brechen zusammen. Sie fliehen in Alkohol oder Drogen. Es wird Zeit, dass alle wieder wissen, dass es auf die Ordnungen Gottes ankommt, damit wir glücklich werden. Alle sollen sie kennen. Alle sollen sie einhalten. Alle sollen so handeln.

Jesus hat die ungerechte Regierung seines Volkes Schlangen- und Drachenbrut genannt. Jesus hat mit der Peitsche die geldgierigen Händler aus dem Tempel vertrieben. Jesu Zorn entbrennt über alle, die sich von Gott abwenden. Sein Zorn will nicht den Tod des Sünders. Er will, dass alle den rechten Weg finden. Jesus Christus ist der Weg zu Gott. Glücklich sind alle, über die er sich erbarmt.

Finden

40
Hirte
Psalm 23

Hanna und Hans wandern mit ihren Kindern Ruth und Marta früh los. Sie nehmen im Rucksack Regenzeug und Verpflegung mit. Sie steigen in die Berge. Da begegnen sie einer Herde Schafe. Vorne geht ein Hirte, hinten noch einer, ein Hund umkreist die Tiere und sorgt dafür, dass sie zusammen bleiben. Es ist der Auftrieb. Die Familie weiss das. Eine Weile beobachten sie das Geschehen. Wie fürsorglich die Hirten handeln! Dann laufen sie weiter.

Der Vater führt an. Er kennt sich in der Gegend gut aus. Nach einer Weile lädt er ein zu einer Rast. Da steht eine Bank an einem Brunnen auf einer Wiese. Bunte Blumen blühen. Sie packen ihre Rucksäcke aus.

„Halt!“ ruft der Vater. „Erst hören wir ein Bibelwort und denken darüber nach.“ Er zitiert auswendig den Psalm 23. Sie haben ihn im Unterricht gelernt.

Eine Weile schweigen sie. Dann beginnt Hanna: “Das ist genauso, wie wir es eben erlebt haben. Die Hirten führen die Herde sorgsam zur Alpweide und zu frischem Wasser. Auch du, Hans, hast uns hierher geführt. Wir können die bunte Wiese bewundern und klares Wasser aus dem Brunnen trinken.“ – „Aber Mutter,“ wendet Marta ein. „Das ist doch nicht so gemeint. Es ist ein Bild, ein Gleichnis für das Handeln Gottes. Er benimmt sich wie die Hirten, wie der Vater, wir sind froh darüber. Wir wandern auch gerne mit ihm weil wir das wissen. Es ist immer schön und interessant.“

„Danke“ sagt der Vater, „solch ein Lob höre ich gerne. Ich werde versuchen, mich dieser Worte würdig zu erweisen. Es ist aber noch nicht aller Tage Abend. Wer weiss, was wir noch alles erleben.“ Er hat eine Strecke ausgesucht, die durch eine Schlucht führt. Er ist früher oft dort gegangen. Die Schlucht ist eng und gefährlich.

Als sie weitergehen sprechen Ruth und Marta miteinander. Sie können sich gut verstehen. Sie sind nicht immer derselben Meinung, aber sie hören aufeinander und überlegen, wie man ein Problem am besten löst.

Ruth beginnt: “Wenn ich an meine Kameradinnen denke bin ich immer froh, dass sich unsere Eltern so um uns kümmern. Sie nehmen uns Ernst. Sie sind für uns da. Sie wandern mit uns. Sie zeigen uns die Welt.“ Marta bestätigt es. Auch sie geht gerne mit den Eltern in die freie Natur und teilt ihre Freude an den Blumen und anderen Gewächsen. Sie sehen eine Orchidee, blauen Enzian, weissen Steinbrech und rote Alpenrosen. In den Bergen strahlen die Farben stärker als im Tal. Die Mädchen fragen sich, ob es immer so bleiben wird. Sie werden einmal das Haus verlassen und ihre eigenen Wege gehen. Marta ist kritischer als Ruth. Sie hinterfragt alles. Sie wird es einmal schwerer haben als ihre Schwester, die die Dinge so hinnimmt wie sie kommen. Marta freut sich darüber, dass ihre Schwester sie immer aus ihren trüben Gedanken heraus holt. Mit ihr zusammen kann sie nicht traurig sein, dazu ist die Welt hier zu schön.

Der Vater bittet seine Familie sich im Wald einen Stock zu suchen. Sie brauchen ihn wenn sie jetzt die Schlucht durchqueren. Er spitzt die Stöcke an und gibt ihnen einen guten Griff. Dann erklärt er ihnen: "Wir durchqueren jetzt eine dunkle und gefährliche Schlucht. Ich bin oft dort gegangen. Ich kenne jeden Stein. Wir bleiben beieinander, dann kann uns nichts geschehen. Das Wetter ist gut. Es ist etwas unheimlich aber sehr interessant. Ich gehe voran, die Mädchen in der Mitte und Mutter hinten."

Der Weg wird immer enger. Das Wasser rauscht unter ihnen. Dann kommen sie an eine Stelle, da liegen Steine im Bachbett. Der Vater springt auf den ersten Stein. Dann reicht er Ruth seine Hand. Sie kommt herüber. Er geht auf den zweiten Stein. Und hilft ihr wieder. Ruth hilft Marta und Marta hilft der Mutter. Als sie alle am anderen Ufer angekommen sind wird der Pfad noch schmaler. Hans stösst die Spitze seines Stockes fest in die Erde. Auch die anderen gebrauchen ihre Stöcke wie der Vater. Sie kommen sicher oben an. Unten tost der Bach.

Nach einer Stunde treten sie auf eine Hochebene. Würzige Kräuter duften. Erschrockene Murmeltiere flüchten. Nach wenigen Metern kommen sie an eine Familienfeuerstelle.

Der Vater zündet ein Feuer an. Er spitzt und reinigt die Stöcke. Dann steckt er Würstchen darauf. Sie sitzen um das Feuer und braten ihre Würstchen. Es schmeckt gut mit dem Brot. Danach gibt der Vater jedem etwas Teig und zeigt ihnen, wie sie es um das runde Ende legen können. Nun schmoren sie Stockbrot, lösen es vom Holz und füllen es mit Erdbeermarmelade. Sie trinken von dem frischen Wasser und ruhen sich aus.

Der Vater erzählt. Er war mit den Pfadfindern hier. Sie gingen durch die Schlucht. Er bewunderte die Felsen und verpasste den Anschluss. Plötzlich kam ein Regenguss. Das Wasser stieg. Es überspülte seine Füsse und stieg weiter. Er wusste nicht, was er tun sollte. Der Führer kam zurück. Er reichte ihm seinen Stock und zog ihn zu sich. Wir hörten den Psalm 23. Dann haben wir gesungen. Das tun wir auch jetzt:

Nehmet einander an, wagt es Schritt um Schritt.

Geht ihr aufeinander zu, geht Gott sicher mit.

Nehmt einander an, teilt Zeit und Brot;

füreinander da zu sein, das wendet Not.

Habt einander lieb, so, wie Gott uns liebt.

Dient einander mit den Gaben, die Gott uns gibt.

Er ist unser Hirte.

Hirte

42

Richtig vorbereitet

Psalm 24

Auf der Höhe vor den Toren Bethlehems sitzt der junge Hirte David. Er bewacht die Schafherde seines Vaters. Die Tiere fressen ruhig das saftige Gras ab, das nach dem Winterregen aufgeschossen ist. Aufmerksam beobachtet der Junge die Umgebung. Schleicht sich kein Wolf an? Nähert sich kein anderes Raubtier? Die scharfen Augen Davids erkennen jeden Busch und jede Blüte.

Alles bleibt ruhig. Der junge Hirte lehnt sich zurück. Er holt seine selbstgebastelte Flöte hervor. Seine Finger gleiten über die Löcher, die er hineingeschnitzt hat. Eine sanfte Melodie steigt in die Luft. Dann steigern sich die Töne zu hellem Jubel. In den Tiefen seiner Seele formen sich Worte. Seine Heimat ist so schön! Da bricht ein Lied aus ihm hervor:

Dem Herrn gehört die Erde und ihre Fülle,
das feste Land, und die darauf wohnen,
denn er hat sie auf den Wassern errichtet,
und an den Flüssen festgelegt.

Gott sendet Regen, um die Fruchtbarkeit der Erde hervorzulocken. Er lässt Gras wachsen für die Schafe, für die Menschen Korn und Wein. So singt David das Lob des Herrn, der die Erde geschaffen hat.

Am Abend treibt er die Herde heim. Die Mutter begrüsst ihn herzlich. Voll Freude singt er ihr sein neues Lied vor. Dann kommen der Vater und die Brüder. Sie setzen sich zu Tisch und beten. Nach dem Dankgebet erklärt der Vater, dass David morgen mitgehen darf hinauf zur Bundeslade.

David fragt seine Mutter, wie er sich vorbereiten soll auf die Pilgerfahrt. Die Mutter antwortet, dass er Verpflegung braucht für mehrer Tage, warme Kleidung, eine Decke für die Nacht und ein Festgewand.

David packt alles in ein Bündel. Am anderen Tag nimmt er es frohgemut auf die Schulter. Zuerst führt der Weg abwärts, aber dann steigt er wieder an. Als es Mittag wird brennt die Sonne heiss vom Himmel. Sie setzen sich zum Essen nieder. Der Vater setzt sich neben David und fragt: “Hast du dich auch richtig vorbereitet?“ David antwortet, dass er alles eingepackt hat, was die Mutter ihm gesagt hat. Der Vater schüttelt den Kopf. Er erklärt: “Hast du dich auf die Nähe Gottes vorbereitet?“ David erschrickt. Was hat er vergessen? Was fehlt denn noch? Der Vater steht auf und ruft laut:

Wer steigt hinauf zum Berg Gottes?
Und wer steht an seinem heiligen Ort?
Der unschuldige Hände hat und ein reines Herz.
Der seine Seele nicht zum Nichts tägt,

und nicht schwört zum Verrat.

Alle Pilger schauen auf den alten Mann. Er steht da wie ein Prophet. David schaut nachdenklich auf seine Hände. Er hat damit die Flöte geschnitzt und einen Wolf erschlagen. Er hat sich mit seinen Brüdern geprügelt und sie verletzt. Unschuldige Hände? Nein, die hat er nicht. Darf er nun nicht hinaufsteigen auf den heiligen Berg? Darf er nicht stehen an Gottes heiligem Ort?

Auch die Mutter sinnt nach. Hat sie ein reines Herz? Sie hat viele Kinder geboren, aber David ist ihr das liebste. Sie hat ihn vorgezogen. Sie hat ihn gewähren lassen wenn er seine Brüder hinterging. Sie hat auch ihren Mann gehasst wenn er etwas tat, was ihr nicht passte. Ein reines Herz hat sie nicht. Da wohnen oft Angst und Verzweiflung. Darf sie nun nicht auf den heiligen Berg Gottes? Darf sie nicht stehen an dem heiligen Ort?

Der älteste Sohn Eliab senkt den Kopf. Er liebt den Kriegsruhm und die Beute. Er hat seinem König Saul als Soldat ehrgeizig gedient. Seine Seele suchte Ruhm und Reichtum. Er hat seine häuslichen Pflichten vernachlässigt. Er hat seine Seele zu Ruhm und Reichtum getragen. Darf er nun nicht am heiligen Ort stehen? Darf er nicht hinaufsteigen zum Berg Gottes?

Die Männer aus der Gruppe der Pilger denken daran, wie sie im letzten Kampf gegen die Philister geflohen sind. Sie haben ihren Schwur für ihren König verraten. Sie haben nicht an ihre Frauen und Kinder gedacht und sie beschützt, wie es ihre Aufgabe gewesen wäre. Dürfen sie nun nicht hinaufsteigen zum Berg Gottes? Der ganze Pilgerzug gerät ins Stocken. Sollen sie umkehren weil sie nicht richtig vorbereitet sind auf die Begegnung mit Gott?

Da reckt Isai sich erneut empor und ruft:

Der wird Segen empfangen vom Herrn,

und Gerechtigkeit von dem Gott seiner Hilfe.

Das ist das Geschlecht seiner Familie,

die dein Angesicht suchen, Gott Jakobs!

Die Menschen horchen auf. Sie sind auf der Pilgerfahrt zum Berg Gottes, zu seinem heiligen Ort. Sie suchen ihn. Ja, sie gehören zu seiner Familie. An der Bundeslade wird ihre Sünde vergeben werden. Sie werden Segen empfangen. Sie wandern fröhlich weiter.

Und wir? Wie geht es uns? Bereiten wir uns vor auf Gottes Kommen? Wir wollen alles richtig vorbereiten. Genügt es, wenn Gott in Christus zu uns kommt? Wie wird es uns gehen in seiner heiligen Nähe?

Wer unschuldige Hände hat, singt David.

Wer ein reines Herz hat, der ist richtig vorbereitet.

Da betrachte ich meine Hände. Was habe ich heute damit getan? Sind meine Hände unschuldig? Ich prüfe mich selber. Ich weiss, dass meine Gedanken nicht immer auf das Richtige und Gute gerichtet sind. Wie auch andere laufe ich hinter dem Geld her und gerate in Stress. Ich verbrauche Körper, Geist und Seele um genug zu essen zu haben. David erklärt, dass wir unsere Seele zum Nichts tragen, denn es lohnt nicht, sich um Essen und Trinken zu bemühen. Gott wird dafür sorgen, wir brauchen es nicht.

Wir sollen uns auf das Kommen Gottes vorbereiten. Wir schaffen es nicht alleine. Wir können nur sein Antlitz suchen in der Gemeinde und im Gottesdienst. Wir finden ihn in seinem Wort. Wir können uns weit öffnen und ihn bitten, dass er uns vorbereite auf sein Kommen.

Richtig vorbereitet

45

Tore

Psalm 24 Vers 7 – 10

Gewaltige Herrscher werden aufwendig geehrt. Das Volk baut hohe Tore, um sie in ihrer Stadt zu empfangen. Prunkvoll und prächtig zeigen sich die hohen Herren und Damen. Der Mächtige dokumentiert seine Stärke.

In Mykene komme ich nach einem aufstrebenden Weg zu einem hohen Tor. Dort sind einmal die Herrscher eingezogen. Von dem Tor aus geht die Befestungsmauer weiter um die Stadt. Ich trete ein. Da liegen zunächst Gräber. Dann kommen die Reste der Häuser. Es ist eindrucksvoll. Es ist eine alte Stadt, die vor mehreren Jahren ausgegraben wurde. Ich versuche mir vorzustellen, wie dort wohl das Leben lief.

Von Königen haben wir nur eine schwache Vorstellung. Heute sind sie in einigen Ländern Repräsentanten ihres Volkes. In der Regierung haben sie nichts mehr zu sagen.

In Davids Zeiten war das anders. Der König regierte alleine. Seine Befehle wurden befolgt. Das Heer hörte auf sein Kommando. Krieg und Frieden lagen in seiner Hand.

Herrlichkeit – wenn von Herrlichkeit die Rede ist denken wir an einen Spiegelsaal mit Kristallen, Gold und Silber. Herrlichkeit geht aus von Macht und Herrschaft. Da heisst es im Psalm:

„Wer ist der König der Herlichkeit?“

David antwortet:

„Er ist der starke Herr und Held,

der Herr, der Held in der Schlacht.

Er ist der König der Herrlichkeit.

Es ist der Herr der Heerscharen.

Er ist der König der Ehren.“

In Rom bewundern wir die Triumpfbögen des Tiberius, Titus, und Konstantin. An ihren Mauern wurden die besiegten Völker in Stein dargestellt. So findet man dort den siebenarmigen Leuchter aus dem Tempel in Jerusalem, der als Kriegsbeute von gefangenen Juden mitgeschleppt wird. Prunkvoll und prächtig zeigt sich der Herrscher seinem Volk. Der Mächtige dokumentiert seine Stärke.

Wer ist Gott für uns? Wie schätzen wir ihn ein? Wie erscheint er uns in seinem Sohn Jesus Christus? Diese Frage stellt David im 24. Psalm:

„Wer ist der König der Herrlichkeit?“

Weil dieser Herrscher kommt sollen die Türen bis zu grosser Höhe geöffnet und die Tore unermesslich erweitert werden. Er soll einreiten oder einfahren können. Da braucht es viel Platz.

„Wer ist der König der Herrlichkeit?“

Hier steht das Tetragramm, vier Konsonanten, JHVH übersetzen kann man es nicht. Die Konsonanten bedeuten „werden“, wir können vielleicht übersetzen: “Er ist die Lebenskraft“. Diese Lebenskraft kann ich nicht sehen, ich kann sie aber an ihren Auswirkungen spüren.

An einem Beispiel möchte ich ihnen das deutlich erklären. Ein psychisch Kranker hat einen kräftigen Körper, einen scharfen Verstand, einen ausgeprägten Willen, aber er kann nichts Vernünftiges tun. Er hockt in einer Ecke und starrt vor sich hin. Manchmal wird er aggressiv und versucht, sich oder einen Anderen umzubringen.

Er hat keine Lebenskraft.

Er hat sonst alles, was zu einem glücklichen Leben gehört, aber die innere Kraft fehlt ihm, um die einzelnen Teile seiner Person angemessen einzusetzen. Dies ist nur ein Beispiel. Handeln und gestalten, ja leben im rechten Sinne geschieht nur da, wo diese innere Kraft wirkt. Gott ist diese Kraft. Ohne ihn zerstören die Menschen sich selber.

Weil Gott diese Kraft ist, darum ist er der starke Held in der Schlacht und der Herr der Heerscharen. Es gibt keinen Bereich im öffentlichen oder privaten Leben, in dem es ohne ihn klappen würde. Seine Lebenskraft ermöglicht uns Bewegung und Handeln. Wer sind wir, dass wir ihn richtig empfangen? Welche Möglichkeiten haben wir um ihn richtig zu ehren? Geborgenheit und Freiheit haben wir durch ihn.

Wir kommen zusammen im Gottesdienst und in der Gemeinde, um unseren Herrn zu ehren. Wir suchen hier seine Nähe. Wir empfangen hier neue Lebenskraft. Bei ihm erhalten wir Segen. Seine Ermutigung schenkt uns die Freiheit, in unserer modernen, pluralistischen Gesellschaft nicht nach wissenschaftlichen, rationalen Grundsätzen zu handeln, sondern nach den weisen, klugen Ordnungen unseres Gottes. Lasst uns durch seine Tore gehen.

Tore

47

Beten

Psalm 38

Der Psalmist beschreibt seine Krankheit. Ein Aussatz verursacht eiternde Wunden. Sie stinken grässlich. Er ist von allen Menschen ausgestossen. Er ist einsam. In seinen Lenden ist alles entzündet. Die Nieren können das infizierte Blut nicht mehr reinigen. Der Beter hat keine Lebenskraft mehr. Er fühlt sich an allen Gliedern zerschlagen. Das Herz flattert. Er kann nicht mehr sehen. Er weiss, dass er schwere Schuld auf sich geladen hat. Er nennt seine Vergehen nicht, aber er will alles gestehen. Für ihn besteht ein selbstverständlicher Zusammenhang zwischen seiner Sünde und seiner Krankheit. Das eine bedingt das andere.

Solche Zusammenhänge sind keineswegs bei jeder Krankheit vorhanden. Es kann aber sein, dass falsches Verhalten körperliches Versagen nach sich zieht. Nur der Patient selber weiss das. Manchmal bricht es aus ihm heraus. Eigene oder fremde Schuld kann so schwer auf einem Menschen lasten, dass daraus eine Lähmung entsteht.

Ein Mann im besten Alter kam nach Leukerbad zur Kur. Sein Rücken schmerzte so stark, dass er seiner Arbeit nicht mehr nachgehen konnte. Das warme Wasser sollte ihm zurecht helfen. Er erzählte, dass seine Mutter wegen Rückenschmerzen geschieden sei. Er müsse jetzt auch geschieden werden. Für mich war diese Logik nicht einsichtig.

Er kam dann zu einer Gruppe, die ein Arzt leitete. Sie suchten gemeinsam in der Bibel nach Gottes Willen. Der junge Arzt erklärte: "Die Mutter ist mit dem Alltagsleben nicht fertig geworden. Die Verpflichtungen gegenüber dem Mann und den Kindern waren ihr zu gross. Sie machte den Nacken steif, um doch alleine zurechtzukommen. Die Muskeln verkrampften sich. Sie bekam Schmerzen. Je mehr sie sich anstrengte umso schlimmer wurde es. Die Arbeit lastete auf ihrem Rücken und machte sie krank."

Der Sohn fand ins Leben hinein, erhielt eine gute Stellung in der Industrie, heiratete und bekam Kinder. Er stieg steil auf. Er war wendig und sportlich. Als er älter wurde liessen die körperlichen Kräfte nach. Er verhielt sich wie seine Mutter. Er versteifte den Nacken, verkrampfte sich und bekam Schmerzen.

Die Ursache bei Mutter und Sohn liegt in dem verbissenen Lebenskampf. Sie suchen mit Allem alleine fertig zu werden. Sie lassen sich nicht helfen. Sie wollen überall und immer die besten sein. Sie stossen an ihre Grenzen und geben auf.

Das erste Gebot heisst: " Ich bin der Herr, dein Gott". Lasse ich Gott meinen Herrn sein, so brauche ich nicht alleine mit dem Leben fertig zu werden. Sünde ist kurz zusammengefasst der Verstoss gegen diese Ordnung. Ich will über mich bestimmen. Ich will sein wie Gott. Ich will mein eigener Gott sein. Dort steckt im tiefsten unsere Schuld. An dieser Stelle hängen Sünde und Krankheit zusammen. Wenn ich Gottes starke Hand loslasse, dann überfordere ich mich selber. Ich störe die gegebene

Ordnung. Aus dieser Störung erwächst eine Krankheit, die nur heilt, wenn das Innere dieses Menschen in Ordnung kommt. In Vers 4 heisst es:

Es gibt nichts Unbeschädigtes in meinem Fleisch

wegen deiner Strafe.

Es gibt keinen Frieden in meinem Inneren

wegen meiner Sünde."

In Leukerbad in der Rheumaklinik lag eine junge Frau. Sie zeigte mir stolz ein silbernes Armband, das ihr ihr Mann geschenkt hatte. Sie sah wirr und ungepflegt aus. Sie wurde im Rollstuhl gefahren. Nach einigen Wochen fand ich sie weinend. Ihr Mann hatte sich von ihr getrennt. Mit einer kranken Frau konnte er nichts anfangen. Dann erzählte sie. Ihre Mutter hatte sie nicht geliebt. Sie war immer eifersüchtig auf sie gewesen, weil sie hübscher war. Mutterliebe kannte sie nicht. Ihr Vater hatte sich um sie gekümmert, zog aber immer öfter mit jungen Frauen los. Aus einem kalten Elternhaus war sie in die Ehe geflohen. Erst später merkte sie, dass er sie wegen ihres Geldes und ihrer Arbeitskraft geheiratet hatte. Als sie MS bekam, eine Krankheit, die nicht heilbar ist, liess er sie im Stich.

Wo aber die engste Familie jemanden im Stich lässt, da ist doch Jesus da, der uns seine Liebe zuwendet. Die junge Frau begriff langsam, dass sie einen Vater im Himmel hatte, der Treue hält und sie nicht im Stich lässt. Zögernd öffnete sie sich dieser Liebe und fasste Vertrauen. Sie tat wieder einige Schritte. Sie konnte den Rollstuhl verlassen und sich eine neue Existenz aufbauen, soweit ihre Kräfte reichten.

Weiter heisst es Vers 10, 16, 22 und 23:

„Mein Herz und alle meine Wünsche gehen zu dir!

Meine Seufzer bleiben nicht verborgen vor dir.

Auf dich, Gott, warte ich.

Du antwortest, mein Herr und Gott.

Verlasse mich nicht, o Gott!

Mein Gott, sei nicht ferne von mir!

Eile mir zu helfen, mein Herr, du meine Hilfe!"

Der Psalmist sieht seine Situation ungeschmingt deutlich. Seine Krankheit und seine Mitmenschen belasten ihn, aber er weiss auch, wo er Hilfe finden kann. Er trägt sein Leid zu Gott und schüttet ihm sein Herz aus. Er redet mit ihm wie ein Kind mit seinem Vater. Gott kann so linde trösten wie eine Mutter. Gott umgibt uns mit Fürsorge und Treue. Bei ihm dürfen wir jederzeit stören. Er versteht unsere Sorgen und Nöte. Er weiss viele Wege uns zu helfen. Er sendet seinen Sohn, Jesus Christus, um uns zu helfen. Er sühnt unsere Sünde damit wir frei sind. Wir können beten.

Beten

49

Eine feste Burg

Psalm 46

Im Jahre 1685 erlebten die reformierten Hugenotten in Frankreich eine entscheidende Wende ihres Schicksals. Fast 100 Jahre lang hatten sie in Frieden ihrer Arbeit nachgehen können, weil der gute König Heinrich IV. durch das Edikt von Nantes dafür gesorgt hatte, dass evangelische und katholische Bürger gleiche Bürgerrechte hatten. Es waren viele reformierte Gemeinden entstanden, die eifrig die Bibel lasen und ihr Leben nach Gottes Wort einrichteten. Alltags lasen und beteten sie in den Familien, Sonntags kamen sie gemeinsam zum Gottesdienst. Die Pfarrer waren meistens in Genf ausgebildet worden, wo Calvin für eine fundierte theologische Fakultät an der Universität gesorgt hatte. Die Hugenotten kannten die Weisungen Gottes und lebten danach. Sie waren tapfere Krieger, kunstfertige Handwerker, kluge Kaufleute und fleissige Bauern. Frankreich blühte auf von der Schaffenskraft dieser gläubigen Christen.

1685 hob Ludwig XIV. das Edikt von Nantes auf und bestimmte, dass jeder Bürger katholisch werden müsse oder das Land zu verlassen habe. Da ergriff bange Trauer die Hugenotten. Was sollten sie tun? Manche beschlossen, rein äusserlich zur Messe zu gehen und im stillen Kämmerlein die Bibel zu lesen. Das ging aber nicht. Sie wurden müde und vergassen die Lesungen. Das Wort Gottes verstaubte im Bücherschrank. Sie wussten nicht mehr, was darin stand.

Die meisten packten ihre Habseligkeiten und zogen in die Fremde. Die Handwerker nahmen ihr Werkzeug mit, die Winzer gute Reben und die Bauern Vieh und Samen. So zogen sie los und kehrten entschlossen der Heimat den Rücken. Für sie war der Psalm 46 wichtig:

Gott ist uns Zuflucht und Stärke,
eine Hilfe in Nöten findet man bei ihm.
Darum fürchten wir uns nicht,
wenn die Erde bebt und die Berge mitten ins Meer stürzen.
Die Wogen rauschen und brausen.
Die Berge erbeben über ihrer Grösse.

Sie sangen die Psalmen wie sie es sonst im Gottesdienst getan hatten. Dann sangen sie das Lied Luthers:

Ein feste Burg ist unser Gott.
Ein gute Wehr und Waffen.
Er hilft uns frei aus aller Not,
die uns jetzt hat betroffen.

Im Psalm heisst es weiter:

Der Herr der Heerscharen ist mit uns.

Eine Burg ist für uns der Gott Jakobs.

Erstaunt standen die Leute am Wege und hörten zu, wie die Flüchtlinge sangen. Wie konnten die, die ihre Heimat verliessen, noch auf ihrem Weg singen? Psalm um Psalm erklang auf den Strassen Frankreichs, als die Hugenotten das Land verliessen.

Die Städte und Dörfer in der Schweiz organisierten Hilfe für ihre Glaubensbrüder. Sie öffneten ihr Häuser und ihre Geldbeutel, nahmen sie auf und gaben ihnen vorläufig ein Heim. Viele zogen weiter nach Brandenburg und später nach Preussen. Der Kurfürst und später der König siedelten sie an in Gebieten, die bisher unfruchtbar gewesen waren. Auch an der Weser entstanden Siedlungen der Hugenotten.

Zehn Jahre später zeigten sich die Folgen der Aufhebung des Ediktes von Nantes. Die Felder der Ausgezogenen vergandeten. Niemand hatte ihre Bauernarbweit übernommen. Handwerker fehlten überall. Reparaturen wurden kaum noch ausgeführt. Neubauten gab es nicht. Dörfer und Städte verfielen. Handel und Wandel verkam. Das Steuereinkommen ging schnell zurück. Der Staat konnte seinen Verpflichtungen nicht mehr nachkommen. Unruhe breitete sich aus. So kam es später zum Aufstand. Frankreich verarmte weil die Hugenotten fort waren.

Anders ging es in den Ländern zu, die die Flüchtlinge aufgenommen hatten. In kurzer Zeit fassten die Flüchtlinge Fuss. Sie gebrauchten ihr mitgebrachtes Handwerkszeug, ihre Reben, ihr Vieh und ihren Samen. Das Land, das sie aufgenommen hatte, begann zu blühen. Das geschah in der Schweiz, in Deutschland und überall, wo diese Leute hinkamen. In Psalm 46 heisst es:

Ein Fluss, seine Bäche. Die Stadt Gottes freut sich,

das Heiligtum, die Wohnungen des Höchsten.

Gott ist in ihrer Mitte, damit sie nicht wankt.

Gott ist ihre Hilfe ehe der Morgen anbricht.

Der Herr der Heerscharen ist mit uns.

Eine Burg ist für uns der Gott Jakobs.

Wir Heutigen haben es von den Hugenotten gehört. Wir lesen wie sie im Wort Gottes und leben davon. Wir wissen was Gott über uns bestimmt. Wir sagen es unseren Kindern. Gott hat viele Seiten. Er erbarmt sich über den, der nach ihm sucht. Mit Freuden und mit Leiden holt er uns zu sich zurück. Wenn wir begreifen, was er tut, anerkennen wir seine Macht. Wenn wir einander freundlich begegnen, dann erhält jeder was er braucht. Wenn wir teilen kommt keiner zu kurz. Weil wir von seiner Hilfe leben können wir anderen Hilfe gewähren.

Eine feste Burg

51

Singen

Psalm 66

Rachel läuft in die Werkstatt zu ihrem Vater. Sie weiss, dass er heute Silber schmelzen will. Da sieht sie gerne zu und beobachtet, wie die Verunreinigungen abgegossen werden und der helle Schein des Metalls aufglänzt. Wenn das Silber abkühlt bis er es bearbeiten kann, erzählt der Vater gerne von früher, von ihrem Volk, von seinen eigenen Erlebnissen und von allerlei Interessantem.

Sie kommt zurecht. Der Vater giesst die Verunreinigungen ab. Das Metall leuchtet auf und glänzt. Nun füllt der Vater die Schmelzmasse in ein Gefäss zum Abkühlen.

„Das wird eine Halskette für den reichen Kaufmann Micha", erklärt der Vater seiner Tochter. „Er hat sie als Dank für die Geburt seines Sohnes bestellt. Ich werde dunkelrote Granaten und reine Diamanten hineinarbeiten, immer im Wechsel, dann sieht es edel aus."

Dann erzählt er weiter. Die Moabiter haben uns angegriffen, aber Gott hat uns beschützt. Nun buckeln die Moabiter und tun so, als ob sie nicht mehr ihrem Gott Dagon dienen, sondern dem Gott des Volkes Israel. Ja, wenn Gott eingreift in den Kampf, dann geht alles gut. Die Völker ehren ihn und singen seinem Namen.

Dann berichtet er weiter. Vor vielen Jahren waren wir Sklaven in Ägypten. Unser Gott führte uns heraus. Als die Soldaten des Pharao hinter uns herjagten, da sorgte er dafür, dass das Meer trocken wurde. Wir konnten hindurchziehen an das andere Ufer. Als die Ägypter in der Mitte waren kam das Wasser wieder. Sie ertranken alle. Stell dir das vor! Es war der Wind aus dem Osten, der das Wunder bewirkte. Manche sagen, es sei ein natürlicher Vorgang gewesen. Das glaube ich nicht. Wenn ein Wind genau zur richtigen Zeit bläst dann ist das nicht Zufall, sondern Gottes Handeln. Er ist immer für uns da.

Dann geschah es wieder. Als Josua dieses Land eroberte da konnten unsere Vorfahren trockenen Fusses durch den Jordan kommen. Es war kein Zufall sondern Gottes Macht, die das bewirkte. Er hat uns geschaffen. Er hat uns gerufen aus dem Leib unserer Mutter. Er hat uns gekannt ehe wir geboren wurden. Er schenkt uns den Körper, den Geist und die Seele. Von ihm kommt alles Leben.

Rachel denkt nach. Dann meint sie: "Das ist nicht immer so. Sind nicht die Philister gekommen und haben uns besiegt? Die Städte wurden verbrannt, die Menschen in Ketten gelegt und verkauft. König Saul und seine Söhne starben. Es kam zuviel Regen oder zu wenig. Hat da nicht unser Fuss gewankt? Was hat er da getan?"

Der Vater zitiert aus Psalm 66:

Jauchzt Gott alle Lande!

Besingt die Herrlichkeit seines Namens!

Zeigt die Herrlichkeit seiner Wundertaten!

Sprecht zu Gott: Wie furchtbar sind deine Werke!

Wegen deiner grossen Kraft heucheln dir deine Gegner Ergebung.
Die ganze Erde huldigt dir und singt deinem Namen.
Lauft und seht die Werke Gottes!
Furchtbar ist sein Tun für die Menschenkinder.
Er verwandelt das Meer in trockenes Land.
Den Fluss überqueren sie zu Fuss.
Du hast uns geprüft, Gott,
du hast uns gereinigt wie Silber gereinigt wird.

Der Goldschmied nickt. Dann erklärt er :“Gott handelt so wie ich. Das Silber und das Gold müssen im Feuer geschmolzen werden, damit die Schlacke abgegossen werden kann. Bei uns gibt es gute und böse Menschen. Es gibt solche, die Gott vertrauen und ihn ehren. Es gibt aber auch solche, die anderen Göttern dienen und ihnen sogar ihre Kinder opfern im Tal Hinnom. Sie glauben, dass sie dann mehr Glück haben, mehr Kinder, mehr Einkommen, mehr Erfolg. Gott lässt sich nicht spotten. Er reinigt uns. Er straft uns wenn wir uns von ihm abwenden. Er hilft uns aber auch wieder heraus. Wir können einsehen, dass wir auf dem falschen Weg sind, Busse tun und umkehren. Dann gibt es wieder viele Möglichkeiten, einen guten König, der einen grossen Tempel baut, oder einen, der weites Land erobert. Gott führt uns hinaus in die Fülle.“

Nachdenklich betrachtet Rachel, wie geschickt der Vater umgeht mit dem Silber. Er formt aus einem Stab ein Halsband, fasst es mit roten Granaten und mit Diamanten und baut eine wunderschöne Kette.

Während der Schmied arbeitet erzählt er weiter. Er hatte von den Philistern einen grossen Auftrag bekommen, ein Bild für ihren Gott nach ihren Angaben. Als er anfing verbrannte er sich durch Unaufmerksamkeit die Hand. Da merkte er, dass er diesen Auftrag zurückweisen müsse.

Gott wollte, dass er Schmuck herstelle zur Freude der Menschen. Gott ist ein Gott der Freude. In Latein heisst dieser Psalm: “Jubilate Deo“.

Von mir selber will ich auch erzählen. Während der Hitlerzeit galt ich als Ungeziefer, das vernichtet werden muss. Ich sollte abtranspotiert werden in ein KZ und dort umkommen. Mitleidige Menschen haben mich gewarnt und mir geholfen. Als endlich die Amerikaner kamen war meine Familie noch am Leben. Wir haben unsere Helfer nach Israel gemeldet. Sie wurden zu Gerechten unter den Völkern erklärt. Ja, wir sind durch Feuer und Wasser gekommen. Unser Haus hat gebrannt, aber ein Waisenjunge, den wir gerade als Gast aufgenommen hatten, hat gelöscht. Die Möhnetalsperre wurde bombardiert, aber wir bleiben verschont. Jubilate deo!

Singen

53

Das gemeinsame Ziel

Psalm 84 Vers 1 – 4

Alle Christen haben das gleiche Ziel: sie suchen ein zu Hause bei Gott. Sie meinen aber, dass es verschiedene Wege gibt. Gibt es wirklich verschiedene Wege? Suchen wir das gleiche Ziel? Dazu erzähle ich eine Geschichte über einen jüdischen Rabbi und einen katholischen Priester.

In einer Gesellschaft geraten diese beiden in eine theologische Diskussion. Da erzählt der Priester: "Stellen Sie sich vor, heute Nacht hatte ich einen seltsamen Traum. Ein Engel trat an mein Bett und brachte mich in den jüdischen Himmel. Schon von weitem hörte ich ein erregtes Stimmengewirr. Als ich durch das Tor trat steigerte sich der Lärm zu einem ohrenbetäubenden Getöse. Überall waren Menschen, Durcheinander, Unordnung – einfach schrecklich, sage ich Ihnen."

„Nein, wie seltsam," erwidert der Rabbi. „Auch ich träumte heute Nacht. Ein Engel trat an mein Bett und brachte mich zum christlichen Himmel. Feierliche Stille empfing mich. Überall herrschte peinliche Sauberkeit und Ordnung. Nirgendwo befand sich auch nur ein Staubkörnchen. Wunderbar schön war es, nur , Menschen bin ich nicht begegnet."

Trifft uns diese Geschichte? Haben Juden und Christen denselben Gott? Haben Evangelische und Katholische denselben Himmel? Wir alle sehnen uns nach Hause, nach einer Heimat, wo wir geborgen sind und in Frieden leben können. Gibt es diese Heimat für alle? Gibt es keine Rangunterschiede? Wir wollen auf den Psalm 84 hören:

Wie lieblich sind deine Wohnungen, Herr der Heerscharen!
Meine Seele sehnt sich und schmachtet
nach den Zeltlagern Gottes.
Mein Herz und mein Fleisch jubeln
zu dem Gott meines Lebens.
Wie auch ein Vogel ein Haus findet
und eine Schwalbe ein Nest für sich,
wo ihre Brut liegen kann,
ebenso sind deine Altäre, Herr der Heerscharen,
Mein König und mein Gott!

In jedem Frühjahr wenn der Schnee weggeschmolzen ist und die Blumen aus der dunklen Erde brechen, ziehen die Zugvögel von Süden nach Norden. Ganze Schwärme fallen ein, ruhen kurze Zeit aus und fliegen dann weiter. Die Schwalben bleiben hier und suchen sich ein Nest in Bäumen oder unter einem Dach. Sie polstern das Nest weich aus und leben dort ihre Eier. Die Eltern ziehen die Jungvögel auf. Sie suchen Futter und stopfen es in die hungrigen Mäuler der Jungen. Jeder Vogel sucht und findet ein Nest wie er es braucht. Störche benutzen grosse Wagenräder. Andere bleiben in der Nähe von sumpfigen Wiesen oder nisten in alten Bäumen. Sie tragen Zweige und Halme zusammen und schaffen ein behaglisches Nest.

Das gemeinsame Ziel.

In der Schweiz und in Deutschland gibt es genug Wohnungen. In anderen Ländern ist das anders. Aber auch hier gibt es Menschen die nicht wissen wo sie bleiben sollen.

Da hat eine Frau ihren Mann aus der gemeinsamen Wohnung hinausgeworfen weil er fremd gegangen ist. Sie hat die Scheidung eingereicht. Nun hockt er in einem Hotelzimmer. Er versteht die Welt nicht mehr. Nun ja, manchmal gab es Streit um das Haushaltsgeld oder die Erziehung der Kinder. Wo ist nun sein zu Hause?

Oder die alte Bäuerin, die ihrem Sohn den Hof überschrieben hat. Er hat nicht richtig wirtschaften können und das Land verkauft. Er ist in die Stadt gezogen. Wo soll die nun hin? Wo ist ihre Heimat?

Da ist ein Junge, dessen Eltern geschieden sind. Die Mutter lebt mit einem anderen Mann zusammen. Der ist ihm fremd. Zu dem Vater hat er den Kontakt verloren. Wo ist nun sein zu Hause? Wo gehört er hin?

Die Vögel bauen Nester für ihre Jungen und ziehen sie beide gemeinsam gross.

Was tun wir Menschen?

Denken wir noch einmal an den Psalm 84:

Wie lieblich sind deine Wohnungen, Herr der Heerscharen!

Meine Seele sehnt sich und schmachtet

nach den Zeltlagern Gottes.

Als ich einmal durch Israel reiste kam ich in der Wüste bei Beerschewa an den Zelten der Beduinen vorbeit. Die Winterzelte sind aus schwarzem Ziegenhaar und die Sommerzelte aus grauer Leinwand. In der Hitze des Tages werden die Seitenwände hochgeschlagen, damit der Wind Erfrischung spendet. Jedes Zelt hat zwei Abteilungen. Vorne empfängt der Hausherr seine Gäste mit Kaffee. Hinten wirtschaftet die Frau mit ihren Kindern. Das Zeltdach ist gross. Es reicht für alle.

In solchen Zelten sind die Israeliten schon zur Zeit des Mose durch die Wüste gezogen. Ein Zelt war für Gott bestimmt, die Stiftshütte. Die zog auch mit ins gelobte Land und diente der Begegnung zwischen Gott und Mensch. Erst Salomo baute den Tempel in Jerusalem zur Ehre des Herrn.

In Psalm 84 schwingt noch die Sehnsucht mit, dass Gott einmal unter dem Volk gezeltet hat. Er zog mit Israel. Er kannte ihre Freuden und ihre Not. Er gab ihnen Wasser und Mana, zu essen und zu trinken. Er feierte mit ihnen Feste. Er beschützte sie im Kampf als Herr der Heerscharen. Damals hatten sie kein Land, aber ihre Zelte waren ihr zu Hause. Damals hatten sie keine Heimat, aber ihr Zelt war ihr zu Hause.

Jubelnde Freude erfasst den Psalmisten über den Altären Gottes. Da begegnen Menschen ihrem Gott. Da finden sie Geborgenheit. Sie geben ihrem Leben einen festen Halt. Die Altäre sind ein Abglanz der Herrlichkeit des Himmels. Durch Jahrtausende haben Menschen Altäre gebaut. Auch heute haben wir Altäre. Es kann ein einfacher Tisch sein oder eine Art Kasten mit den Knochen von Heiligen. Es kann mit Gold und Edelsteinen geschmückt sein oder mit frischen Blumen. Psalm 84 sagt:

Wo auch ein Vogel ein Haus findet
und ein Schwalbe ein Nest für sich
wo ihre Brut liegen kann,
ebenso sind deine Altäre, Herr der Heerscharen.
Mein König und mein Gott!

Wir Menschen können nur schwer zueinander finden. Gott wartet darauf, dass wir aufeinander zugehen und gemeinsam handeln. Wir sind unterwegs zu ihm. Er schenke uns seinen Geist und seine Gnade zu diesem Weg.

Das gemeinsame Ziel

In seinem Haus sitzen

Psalm 85 Vers 5 – 9

Gottes Haus ist die Kirche. Wir gehen am Sonntag in den Gottesdienst. Sitzen wir dann in Gottes Haus? Wo ist Gottes Haus? Sind wir selig dort? Erfüllen uns fröhliche oder traurige Gefühle?

Ein Mann erzählte mir, dass er wieder zur Kirche gehe seitdem seine Ehe zerbreche. Im Glück habe er den Gottesdienst nicht nötig gehabt, aber nun brauche er Trost aus dem Wort Gottes. Er verstehe aber nicht, warum dort immer alles so ernst, ja fast traurig sei. Dagegen sei sündigen oft recht fröhlich, Mädchen, Feste, die Nacht durchbummeln.

Darauf antwortete ich: "Sündigen heisst, einem anderen, einer anderen schaden, sie oder ihn verletzen. Glauben Sie wirklich, dass jemand fröhlich ist, wenn er seine Ehe bricht, verleumdet, stiehlt oder sonst etwas dergleichen tut? Da kann ich doch nicht von Herzen fröhlich sein, sondern nur mein Wissen um das Unrecht übertönen mit falschem Gelächter."

Was heisst hier Trost? Der Mann hatte seine Trauer zu Gott getragen, da erschien ihm Gott traurig. Seine Freude hatte er nicht zu Gott getragen, darum kannte er nur einen kleinen Ausschnitt von Gott. Die Fülle seiner Möglichkeiten blieb ihm unbekannt.

Wenn wir unsere Trauer zu Gott tragen dann tröstet er uns. Dann können wir wieder jubeln, weil er uns neue Kraft gibt. In Psalm 84 Vers 5 – 6 Heisst es:

Selig sind, die in deinem Haus sitzen.

Immerfort jubeln sie dir.

Selig der Mensch, dessen Kraft in dir ist.

Wege sind in seinem Herzen.

Wir sitzen in einem Gotteshaus. Sind wir darum selig? Erfüllen uns fröhliche und glückliche Gefühle? Was hat sie heute Morgen hierhergetrieben?

Eine Frau sagte mir einmal, dass sie Sonntags gerne in die Kirche gehe, weil dann die Zeit herumgehe. Die Zeit muss doch ausgefüllt werden, sonst ist es langweilig. Dient der Gottesdienst gegen die Langeweile? Die Frau hatte positive Gefühle gegenüber dem Gottesdienst. Ist sie aber glücklich?

Da denkt ich an den Jugendgottesdienst, den ich in Essen besuchte. Es begann mit dem Posaunengeschmetter. Dann wurde gesungen, dass es kräftig dröhnte. Zum Schluss kam der Segen. Dann trafen sich alle draussen, um sich zu begrüssen und miteinander zu sprechen.

Vers 5: „Immerfort jubeln sie dir."

Gottesdienst und Singen gehören zusammen. Es kommt nicht auf musikalische Schönheit an sondern dass es von Herzen kommt. Der Jubel ist Ausdruck dessen, dass er mir neue Kraft schenkt .Wenn wir unsere Trauer zu Gott tragen dann tröstet er uns. Dann können wir jubeln weil er uns neue Kraft gibt. Vers 6:

„Selig ist der Mensch, dessen Kraft in dir ist.

Wege sind in seinem Herzen."

Wir Menschen sind komplizierte Geschöpfe. Unser Leib, unser Verstand und unsere Seele werden zusammen gehalten durch die innere Lebenskraft, die die unterschiedlichen Teile miteinander verbindet und aktiviert. Wenn diese Lebenskraft aufgebraucht ist dann wird der Mensch psychisch krank. Dann geht nichts mehr. Dann kann er nicht mehr arbeiten, hockt mutlos in einer Ecke und lässt den Kopf sinken. Es ist wie bei einem Auto wo die Räder blockiert sind. Da läuft es nicht mehr. Ebenso geht es bei uns Menschen. Wir brauchen Lebenskraft.

Selig ist der Mensch dessen Kraft in dir ist.

Dann erzählt der Psalmist eine Geschichte. Er ist über Land gezogen und kam in ein trockenes Tal. Dort gab es nur Kakteen. Unter den Füssen knirscht Sand, die Lippen springen auf, er hat Durst, aber da ist kein Wasser. Er sinkt ermattet neben einer Kaktee in den Sand. Und da – er reibt sich die Augen! Der trockene Sand bewegt sich. Wasser quillt heraus. Eine Quelle sprudelt vor seinen Augen aus dem Boden. Es bildet sich ein kleiner Trichter. Er stürzt vor und trinkt. Dann sinkt er in tiefen Schlaf. Am nächsten Morgen spürt er Feuchtigkeit auf seiner Haut. Feine Wasserschleier umgeben ihn: Frühlingsregen! Als die Sonne die Wolken durchbricht strahlt das Tal in sattem Grün. Zarte Blumen neigen sich im kühlen Wind. Mit neuem Mut wandert er weiter. Er findet den richtigen Weg. Er ist fröhlich. Da fällt ihm ein was er tun kann, um seine Probleme zu lösen. So kommt er zum Haus Gottes. Hier ist seine Heimat. Hier holt er sich neue Kraft. Hier kann er Wege finden, um die Schwierigkeiten in seiner Familie, im Dorf,in der Stadt und im Land zu lösen. Vers 9:

Mein Herr, Gott der Heerscharen, höre mein Gebet!

Vernimm es, Gott Jakobs.

Dieser Psalm ist eine Hochschule für Gläubige. Da fängt jemand an, sich im Haus Gottes neue Kraft zu holen. Das ist aber erst der Anfang eines neuen Lebens. Wir haben die Verheissung, dass Gott unser inständiges Gebet hört. Er antwortet. Aber er handelt nach freiem Ermessen. Er wendet die Not wie er es will. Gott kennt viele Wege. Er ist in unserem Herzen. Er ist nicht nur in der Kirche oder im Gottesdienst. Er geht mit uns nach Hause in unseren Alltag. Dort brauchen wir ihn. Dort brauchen wir Kraft. Dort müssen wir uns bewähren. Wir müssen auch wissen, dass keiner alleine bleiben soll. Ob Reformierte, Lutheraner, Unierte, Katholische, Orthodoxe, Neuapostolische oder Heilsarmee. Wir gehören zusammen in der einen Kirche Jesu Christi. Jeder hat seine Art, mit Gott zu leben und seine Aufgaben zu erfüllen. Es ist wichtig, dass wir gemeinsam beten, um unsere Rechthaberei und Dickköpfigkeit zu überwinden.

In seinem Haus sitzen

58

Unter dem Schutz

Psalm 91

Vers 1 – 2

„Wer unter dem Schutz des Höchsten wohnt,
und im Schatten des Allmächtigen nächtigt,
der spricht zu dem Herrn: Meine Zuflucht und meine Burg,
mein Gott, auf den ich traue."

Hier in der Kirche in Leukerbad kommen viele Menschen, Patienten, Kurgäste, Ärzte, Krankenschwestern, Hotelier, Service und auch Handwerker. Unter dem Hören auf Gottes Wort werden wir zu Bürgern der Gemeinde Jesu Christi, zur Kirche in aller Welt. Der Psalmist schildert die Folgen, welche sein Vertrauen zu Gott gehabt hat. Vers 3 – 7:

„Denn er errettet dich vor der Falle des Vogelfängers,
vor Pest und vor Unglück.
Mit seinen Schwungfedern bedeckt er dich.
Unter seinen Flügeln findest du Zuflucht.
Schild und Bogen sind seine Treue.
Du fürchtest dich nicht vor den Schrecken der Nacht
oder vor den Blitzen, die bei Tage daherfahren,
vor der Pest, die im Finstern geht,
vor der Seuche, die am Mittag Gewalt übt.
Tausend fallen an deiner Seite
und Zehntausend an deiner Rechten,
aber dir wird nichts nahen.
Nur als Zuschauer wirst du hinsehen
und die Bestrafung der Übeltäter anschauen.

Die christliche Kirche befindet sich in ständiger Bewegung. Die Reformation ist nie abgeschlossen. Wie alles Lebendige durchläuft sie eine Entwicklung. Es gibt keinen Stillstand. Es gibt nur Zeiten der Nähe und Zeiten der Ferne. Das eine Mal gehen wir auf Gott zu, das andere Mal entfernen wir uns von ihm.

Der Psalmist hat Seuchen, Pest, Krieg, Naturkatastrophen und anderes Unglück erlebt. Was immer auch kam, er fühlte sich sicher in Gottes Gegenwart. Er betrachtete sein Leid wie wir heute im Fernsehen das Leid anderer Menschen ansehen. In den Nachrichten wird von Krieg, hungernden Kindern, verletzten Soldaten und anderen Katasprophen berichtet. Das sind Bilder. Sie bewegen uns.

Aber wir haben genug zu essen. Uns treffen keine Bomben. Wir suchen nicht in Trümmern nach Angehörigen. Wir sehen zu im Nachrichtendienst. Vers 8

„Nur als Zuschauer wirst du hinsehen“

Der Sänger hat erfahren, dass das Leben in der Gegenwart Gottes anders aussieht als das einsame Leben. Versuche ich mit eigener Kraft mit einem Problem fertig zu werden, dann klappt es nicht. Krankheiten, Misserfolge und Seuchen verschlingen viel Geld, aber es ist doch aus mit uns. Wir sterben wie alle Menschen.

Nur als Zuschauer wirst du hinsehen,

denn du fürchtest dich nicht.

Das sind die Folgen des Vertrauens zu Gott. Wir brauchen uns nicht zu fürchten. Denn was immer auch geschehen mag, er bleibt bei uns. Seine Gegenwart gewährt Hilfe und Schutz. Er geht mit uns in den Tod und führt uns wieder heraus. Er hat seinen Sohn in den Tod geführt und wieder heraus. Er hat versprochen, dass auch wir von den Toten auferstehen. Was kann uns denn da geschehen? Der Sänger benutzt das wundervolle Bild von dem Vogel mit seinen Schwungfedern. Wo ich so geborgen lebe da brauche ich mich nicht zu fürchten. Er ist in mir und ich bin in ihm. Er geht mit mir. Ich bin nicht alleine.

Was brauchen wir in unseren Ländern wie Schweiz, Deutschland und anderen in Europa? Es muss wieder zu einer Reformation kommen, zu einer Veränderung im öffentlichen Leben. Jeder Mensch ist durch seinen Glauben in seinem Handeln besimmt, gleich ob Christ, Jude, Muslim oder Hindu. Was vereint uns? Was gibt uns einen klaren Grund zum gemeinsamen Tun?

In der Verfassung der Schweiz steht am Anfang: “Mit Gott“. Das müssen wir beachten. Neutralität und Objektivität sind Illusionen. Unser tiefstes Inneres ist bestimmt durch unseren Glauben, durch Gott. Wir müssen das Wort Gottes wieder Ernst nehmen und uns danach richten. Wir müssen unseren Glauben öffentlich bekennen. Wir brauchen verbindliche Aussagen, die uns im gemeinsamen Sprechen tragen und helfen. Wir brauchen die Gemeinschaft in unserer Kirche, um uns immer wieder gegenseitig zu ermuntern und zu ermutigen.

Unter dem Schutz

In Sicherheit

Psalm 91 Vers 14 – 16

Als ich mich verheiratet hatte vor vielen Jahren, da kannte ich nichts als meine keimende Liebe. Ich sah nur noch meinen Mann. Es gab sonst nichts Wichtiges für mich auf der Welt. Meine Gedanken kreisten immer um ihn. Es kam nicht darauf an, ob ich bei ihm war oder woanders. Ich konnte von nichts anderem reden.

Es ist eigenartig, dass der Psalmist das Verhältnis des Menschen zu Gott so beschreibt. In Psalm 91 Vers 14 – 16 heisst es:

Wer Lust an mir hat den bringe ich in Sicherheit.

Ich mache ihn mächtig, denn er weiss meinen Namen.

Er ruft mich an und ich antworte ihm.

Ich bin bei ihm in der Not.

Ich rette ihn und belohne ihn reichlich.

Bis zum Ende seiner Tage mache ich ihn satt.

Ich lasse ihn meine Hilfe sehen.

Gott erwartet unsere Liebe wie ein Ehemann die Liebe seiner Frau erwartet. So wie die eine an dem anderen Lust hat und nach ihm begehrt so begehrt Gott nach unserer Liebe. Er übt Geduld und vielerlei Künste um uns zu zeigen was wir ihm bedeuten. In der poetischen Form der Psalmen, in Gleichnissen und spannenden Geschichtsberichten wirbt er um uns. Er verheisst uns Schutz und Sicherheit.

In der Reformationszeit haben wir neu erfahren, dass wir nicht gleichgültig oder gelangweilt mit Gott umgehen dürfen. Damals wurde aus der Gewohnheit des Kirchenlaufens innere Glut der Liebe und des Vertrauens. Das Herz ging allen auf. Sie begegneten ihrem Heiland. Jesus Christus wurde das lebendige Wort ihres Vaters im Himmel. Sie setzten allen Reichtum, alle Zeit und ihre Energie ein, um bei ihm zu sein und zu bleiben. Sie suchten Gemeinschaft mit ihm. Ihr Glaube gab ihnen Mut und innere Sicherheit. Nichts konnte sie von ihrem evangelischen Bekenntnis vertreiben. Sie mussten Kämpfe bestehen. Sie erlitten Verfolgung, Hunger, Flucht und Not. Das geschah auch hier im Wallis, auch hier in Leuk, wo ich wohne. Wir finden ihre Empfindungen in Fresken an den Wänden ihrer Versammlungsräume, wo sie gemeinsam die Bibel lasen, um ihr Leben danach zu richten. Sie hatten das feste Vertrauen zu Gott, dass er bei ihnen sei und sie führe. Sie zogen aus diesem Lesen Kraft und Fröhlichkeit. Im Ambühl Haus befand sich ein Fresko, das Daniel in der Löwengrube zeigt. Da wird der kluge, fromme Daniel auf einer Schaukel gezeigt, wie er aus der Löwengrube gezogen wird. Seine Gegner sind darin. Es sind Männer mit Bischofsmützen bekleidet, Mönche und Nonnen. Die Löwen stürzen sich auf sie. Es ist ein Bild des Vertrauens, dass er in Gottes Obhut steht.

Man nannte sie die Neugläubigen. Sie wehrten sich nicht. Sie nahmen alle Strafen auf sich. Zuletzt mussten sie das Land verlassen. Viele gingen nach Bern. Dort wurden sie freundlich aufgenommen und erhielten Ehrenämter. Sie blieben dort. Sie waren geachtet. Sie behielten aber nach Möglichkeit Kontakt zu ihrer Heimat im Wallis. In Vers 15 heisst es:

Er ruft mich an und ich antworte ihm.

Ich bin bei ihm in der Not.

Ich errette ihn und belohne ihn reichlich.

Neulich versuchte ich eine Frau anzurufen damit sie mir beim Gottesdienst hilft. Es kam aber nur ein Klingelzeichen. Die Frau war nicht daheim. So kann es gehen wenn ich nach Hilfe suche. Nun musste ich nach jemandem anderen suchen, den ich telephonisch erreichen konnte.

Im Gebet hört Gott auf unser Reden und antwortet uns. Wir müssen ihn aber kennen, sonst reden wir jemanden Falsches an, der nicht reagiert. Wenn wir aus Gott einen Götzen machen, dann kommt keine Antwort. Wir sollen im Gebet mit dem lebendigen Gott sprechen, mit dem Vater unseres Herrn Jesus Christus. Wenn wir unseren Vater wie einen tyrannischen Herrscher anreden, dann stimmt das nicht. Er antwortet dann auch nicht. Wir dürfen ihn aber auch nicht wie einen senilen Grossvater ansprechen. Der lebendige Gott ist ein gerechter Richter. Er lässt uns unser Unrecht nicht durchgehen. Er deckt es auf. Er schafft Ordnung. Wenn wir seine Gnade im Gebet annehmen so haben wir seine Antwort angenommen.

Wir rufen Gott an und er antwortet uns.

Diese Gesprächsgemeinschaft macht mich stark. Der mächtige Herrscher der Welt hat eine Telefonleitung eingerichtet zu uns. Wir dürfen ihn anrufen und er antwortet uns. Im Hebräischen steht für das Wort „Not" ein Wort, das heisst „eingekesselt sein". Im Krieg 1939–1945 habe ich es in Deutschland erlebt. Das Land war von allen Seiten eingekesselt. Niemand konnte herein und niemand heraus. 1939 konnte man noch etwa 1000 km fahren, aber der Kessel wurde immer enger. Im März 1945 konnte ich kaum 10 km gehen um an die Grenze zu kommen.

So etwas geschieht bei Völkern wie damals in Deutschland und heute in Syrien, Afghanistan oder dem Sudan. So geschieht es aber auch bei einzelnen Menschen. Wenn wir gesund sind können wir uns weit bewegen, aber wenn wir krank werden oder behindert, dann sind es nur noch wenige Schritte, die wir zurücklegen können.

Der Psalm 91 stellt eine neue Wertordnung auf. Normalerweise sagen wir: "Hauptsache gesund!" Wir fühlen uns stark und wichtig wenn wir uns frei bewegen können. Gott aber verspricht den Behinderten seine Rettung. Sie sind für ihn wichtig. Er kümmert sich um sie. Seine Rettung und seine Belohnung tragen andere Gesichter, als wir sie kennen. Er bringt die Ruhe um sein Wort zu lesen und im Gebet zu ihm zu kommen. Er verbindet sich mit Menschen in Not zu einer neuen Gemeinschaft, die das Leben reich und schön sein lässt.

In Vers 16 geht es um die Beseitigung des Hungers:

„Bis zum Ende seiner Tage mache ich ihn satt.

Ich lasse ihn meine Hilfe sehen.

Immer wieder sehen wir in den Nachrichten, dass es irgendwo auf der Welt Hunger gibt. Wo und wie beseitigt Gott den Hunger in der Welt? Es hungern so viele. In Europa haben wir eine Überproduktion an Lebensmitteln. Es gibt also genug auf der Welt. Wir Menschen sind nur zu dumm, um sie richtig zu verteilen. Es fällt uns nicht ein, was wir unternehmen können, um den Butter- und Getreideberg in die Hungergebiete zu transportieren. Wir Menschen sind dumm und träge, darum lassen wir Gottes gute Gaben verkommen. Wir wissen nicht wie wir sie verteilen sollen.

Der Psalmist redet von Hilfe. Es heisst in Hebräisch „Jeschua". Wir können auch sagen „Jesus". Damals also schon wird von ihm berichtet, der Hilfe schafft und rettet. Er verwandelt unser hartes Herz in ein Herz aus Fleisch. So können wir erkennen, wie wir helfen können, um die guten Gaben Gottes gerecht zu verteilen. Wenn unser Herz zu einem Herzen aus Fleisch wird, dann fallen uns Worte und Taten ein, mit denen wir helfen können.

Gott bedient sich unseres Herzens um zu helfen.

Gott bedient sich unserer Hände um zu retten.

In Sicherheit

63

Loben

Psalm 103

Vor einigen Jahren waren mehrere meiner Kinder krank, sie lagen im Krankenhaus in Brig. Ich wurde gebeten bei ihrer Pflege mitzuhelfen. Es strengte mich so an, dass ich selber krank wurde. Ich lag im selben Krankenhaus wie sie. Im Oktober konnte ich endlich in Tunesien mich erholen.

Im nächsten Jahr sah es anders aus. Im Juli verbrachte ich mit meiner Familie einige Wochen am Lago Maggiore in Moscia. Wir konnten schwimmen, rudern und wandern. Die Hausgemeinschaft traf sich jeden Morgen zum Gotteslob. Wir sassen auf der Loggia, schauten über das glitzernde Wasser, über die prächtigen Blumen überall, Palmen, bewaldete Hänge und die Isola Brissago. Welcher Segen lag in diesem Zusammensein!

Im August waren wir wieder daheim. Da blühten die Rosen, reiften die Früchte, Erdbeeren, Kirschen und Zwetschgen. Ich konnte Salat, Blumenkohl und Radieschen ernten. Das Leben zeigte mir wieder seine freundliche Seite. Da konnte ich nur von ganzem Herzen Gott loben, so wie es in Psalm 103 steht:

Lobe den Herrn, meine Seele und alles,

was in mit ist, den Namen seiner Heiligkeit.

Lobe den Herrn, meine Seele

und vergiss nicht, was er an dir tut.

Er vergiebt alle deine Sünden.

Er heilt alle deine Krankheiten.

Aus meiner Situation heraus verstehe ich den Psalm 103. Ich hoffe und wünsche, dass auch andere Menschen Gott so erfahren. Er sucht uns heim. Die Mittel, die er dazu wählt, sind oft schmerzhaft. Der Weg sieht dunkel aus. Das Ziel ist das Daheim, das Haus Gottes, wo ich mich wohl fühle und lobe.

In Vers 17 – 18 steht:

Die Gnade des Herrn währt von Ewigkeit zu Ewigkeit

bei denen, die ihn fürchten.

Seine Gerechtigkeit währt bis zu Kindern und Enkeln

bei denen, die seinen Bund bewahren.

Unsere Zeit ist in vielen Teilen der Welt vom Atheismus geprägt. Im Osten wurde die Gottlosigkeit philosophisch bestimmt. Im Westen nimmt der Profit die Stelle ein, die früher einmal Gott zukam. Dazu möchte ich eine Geschichte erzählen.

Der erste russische Astronaut wird gross gefeiert. Der Parteivorsitzende Chruschtschow zieht ihn beiseite und fragt: “Hast du ihn da oben gesehen?“ Gagarin antwortet: “Ja, ich habe ihn gesehen.“ Da antwortet der Parteivorsitzende: “Halb habe ich es mir gedacht, aber sage niemand etwas davon!“ Wenig später redet ein Bischof den Astronauten an: “Na, mein Lieber, gib Gott die Ehre, hast du ihn da oben gesehen?“ Gagarin denkt an Chruschtschow und seine Macht. Er antwortet: “Nein, ich habe ihn nicht gesehen!“ Da stöhnt der Bischof: “Halb habe ich es mir gedacht, aber sage es niemandem weiter.“

So sind wir heutigen Menschen. Die sogenannten Christen rechnen nicht mit Gott. Sie spüren ihn nicht. Sie leben nach eigenen Masstäben. Sie begreifen seine Gegenwart nicht. Die Atheisten posaunen ihren Unglauben heraus, aber in der Tiefe ihrer Seele erschauern sie vor dem, was sie sehen und hören, denn aus nichts wird nichts, das sagt ihnen der Verstand.

Ob Osten oder Westen, ob philosophischer oder wirtschaftlicher Atheismus, unsere Zeit hat Gott aus ihrem Erleben gestrichen. Sie erlebt ihn nicht mehr. Wie sollte ich jemanden fürchten, den ich nicht kenne?

Vor einiger Zeit hielt ich einen Vortrag über linguistische Methoden zur Erklärung alttestamentlicher Texte. Da kam die Rede auf die Wahrheitsfrage. Ein Professor brauste auf: “Mit der allgemeinen Semantik können Sie Gott nicht beweisen.“ Ich antwortete:“Das stimmt, beweisen kann ich ihn nicht, sondern nur erleben. Dann kann ich meine Erfahrungen mit ihm weitergeben.“

Unsere Welt fragt nach Beweisen. Gott lässt sich nicht beweisen. Kann ich meine Eltern oder meine Kinder beweisen? Ich kann nur mit ihnen leben. Ich kann erzählen, was ich mit ihnen erlebe. Ich stelle mich auf sie ein.

Ebenso rechne ich mit Gott. Ich stelle mich auf ihn ein. Ich rechne mit ihm. Ich lobe ihn und seine Werke. Er lässt mir die Sonne scheinen. Er lässt Gewitter über die Erde fahren. Ich kann erschrecken vor der Gewalt, die Gott in Händen hat. Er bewahrt seinen Bund mit uns, den er auf dem Horeb mit Mose geschlossen hat. Dieser Bund galt zunächst Israel, dann aber durch den neuen Bund aller Welt.

Der Psalmist kennt die Zusammenhänge zwischen der Gottesfurcht seines Volkes und ihrem persönlichen Glück. Er sieht den Bürgerkrieg in einem Nachbarland, wo jeder seine Ellenbogen gebraucht. Er sieht die blutigen Aufstände der Unterdrückten und die grausamen Pressionen ungläubiger Gewaltherrscher. In seinem Land kann jeder friedlich sein Feld bestellen. Die Strassen sind sicher. Er reist nach Jerusalem zum Tempel. Er braucht keinen Überfall zu befürchten. Da bricht er lobend aus: Vers 6 – 7

Der Herr schafft Gerechtigkeit und Gericht

gegenüber allen Gewalttaten.

Er hat seine Wege Mose wissen lassen.

Die Kinder Israel seine Taten.

Wo immer in einem Volk genug Christen leben, sodass sie den Ton angeben können, da gedeiht das Glück. Auch die Ungläubigen profitieren von dem Wohlstand. Das Glück der Bürger und aller andern hängt daran, dass es genug Christen gibt, die den

Bund mit Gott halten und danach handeln. Es ist nicht einfach, immer daran zu denken. Wir Alten haben den Krieg noch erlebt. Wir wissen, wie schrecklich es ist, wenn nur der Profit regiert. Damals hat Europa gehungert und gefroren. Hilfe kam aus Afrika oder dem Osten. Es war die Unkenntnis der zehn Gebote, die zu den Verhältnissen führte und noch heute führt. Jetzt herrscht in Afrika und im nahen und fernen Osten der Hunger.

Der Psalmist vergisst die Vergangenheit nicht. Er erkennt in seinem persönlichen Ergehen die Hand Gottes. Er erzählt aus seinem Leben, wie Gott ihm geholfen hat. Er hat seine Krankheiten geheilt. Er hat seiner Familie genug zu essen gegeben. Er hat seine Sünden vergeben. Er erneuert seine Jugend. Er sorgt für ihn wie ein Adler für seine Jungen sorgt.

Ein Arzt hat mir während meiner Krankheit geschildert, was mit mir geschehen ist. Ich hätte alles alleine tun wollen. Die Arbeit wuchs mir über den Kopf. Die Sorgen liessen mich nicht schlafen. Ich dachte nicht daran, dass Gott mir zur Hilfe kommt. Das nennt die Bibel Sünde.

Dann erlebte ich wie Gott mir half. Er vergab mir meine Sünde. Er schenkte mir neue Kraft. Er gab mir Mut das Rechte zu tun.

Lasst uns bedenken, was unser Herr an uns tut. Wir kennen seine guten Ordnungen. Er hat die Erde geschaffen, damit wir von ihr leben und sie in Treue verwalten. Wir dürfen dankbar geniessen, was er für uns wachsen lässt. Wir dürfen mitarbeiten in seinem Dienst, um Frieden und Gerechtigkeit zu erhalten.

Lobe den Herrn, meine Seele,

und was in mir ist den Namen seiner Heiligkeit.

Lobe den Herrn, meine Seele,

und vergiss nicht, was er dir alles antut.

Loben

66

Herrlichkeit

Psalm 104 Vers 27 – 30

Den Herrn will ich preisen, Herr, mein Gott,

wie bist du so gross!“

So jubelt der Psalmist über das, was sich ereignet auf dieser Erde. Dann fährt er fort:

Alle hoffen auf dich,

dass du ihnen Speise gibst zu seiner Zeit.

Du gibst ihnen, sie sammeln.

Du öffnest deine Hand.

Sie werden satt.

Wie gut ist es, dass Menschen und Tiere genug haben um satt zu werden. Hier im Wallis kommt noch hinzu, dass die Natur wunderbar alles bereit hält. Oben liegt auf den Bergen der Schnee, der dafür sorgt, dass auch im heissen Sommer genug Wasser vorhanden ist. Dann kommen die grünen Alpweiden. Dort grasen im Juli und August die Kühe, Schafe und Ziegen. Darunter liegen dichte Wälder für Rehe und Hirsche. Im Tal unten liegen Weinberge und Gärten mit Gemüse und Salat. Wir haben alles, was Menschen und Tiere brauchen.

Da denke ich an meine Kinderzeit. Wir haben im Oktober Erntedankfest gefeiert. Wir brachten von den Früchten und dem Gemüse aus unserem Garten in die Kirche und schmückten den Altar damit. Wir sangen:

Wir pflügen und wir streuen

den Samen auf das Land.

Doch Wachstum und Gedeihen

liegt in des Herren Hand.

Der tut mit leisem Wehen

sich mild und heimlich auf.

Und streut, wenn heim wir gehen

Wuchs und Gedeihen drauf.

Alle gute Gabe kommt her von Gott, dem Herrn,

drum dankt ihm dankt

und hoffet auf ihn.

Anschliessend wurde alles verteilt, damit sich auch die freuen konnten, die keinen Garten hatten.

So geht es zu. Wir lockern die Erde und legen Samen hinein. Wir setzen junge

Pflanzen und sehen zu, dass möglichst kein Unkraut sich einnistet. Dann warten wir. Wir haben keine Macht über das Wachstum. Die Fruchtbarkeit der Erde liegt nicht in unserer Hand. Wir bebauen und pflegen das Land, aber das Wachstum kommt von Gott.

Weil es seit Jahren so gegangen ist im Wallis, darum denken die Menschen, es müsse immer so sein.

Und doch gibt es auf unserer Erde weite Gebiete, wo die Menschen hungern, weil das Land nichts mehr hergibt. Dort herrscht Krieg, die Granaten und Bomben zerstören die Erde. Niemand hackt den Boden oder streut Saat darauf. Schüsse peitschen durch die Dörfer und Städte. Die Menschen flüchten in wilder Panik und sterben auf dem Weg. So sieht es in weiten Teilen Afrikas und Asiens aus. Darum schreibt der Psalmist in Vers 29:

Du verbirgst dein Angesicht.

Sie verlieren ihren Mut.

Du fährst fort damit.

Sie sterben.

Sie kehren zurück zum Staub.

So geht es zu, wenn niemand mehr sich an Gottes Ordnungen hält. Es ist immer dasselbe. Wir können ohne Gott nicht leben, denn ohne ihn halten wir keinen Frieden, sondern fordern unser Recht mit Waffen und Streit.

Für mich ist es undenkbar, ohne Kirche und Gottesdienst zu leben. Die anderen wissen nicht, was Liebe ist. Nur an Gottes Liebe kann ich rechte Liebe erkennen. Ohne Gott verlieren wir Menschen den Mut. Sie kennen keinen Sinn mehr in ihrem Leben. Es heisst in Vers 30:

Du sendest deinen Geist. Sie werden geschaffen.

Du erneuerst das Angesicht der Erde.

Wer seine Hoffnung auf den Herrn setzt, der fühlt sich wie neu geschaffen. Der weiss wieder was er tun kann. Er arbeitet mit am Werk, das getan werden muss, um die Fruchtbarkeit der Erde zu bewahren. So sehen wir die Herrlichkeit, die uns umgibt.

Herrlichkeit

Wirksame Reiseversicherung

Psalm 121

Um das Jahr 1000 ziehen Jakob und Hanna hinauf nach Jerusalem um das Päsachfest zu feiern. Sie essen gemeinsam mit anderen Pilgern das Lamm, das der Priester geschlachtet hat. Sie feiern fröhlich das Fest und lagern im sicheren Gebiet der Stadt.

Der Weg von Jericho herauf war heiss und gefährlich gewesen. Räuber lauerten in den Bergen auf Reisende. Sie wohnten in Höhlen und stürmten unversehens von oben herab. Sie nahmen den Reisenden das Gepäck ab und schlugen sie.

Hanna hatte Angst vor dem Rückweg. Sie fing an zu zittern, wenn sie an die morgige Abreise dachte. Auch Jakob war nicht wohl in seiner Haut. Er war klein und schwach. Ausser dem Proviant trug er noch den Pilgerstock und ein kurzes Messer, um Fleisch und Brot zu schneiden. Würden die Räuber sie überfallen könnte er nur wenig ausrichten. Er konnte Hanna nicht trösten.

Da nahm er seine Frau bei der Hand und ging mit ihr in den Tempel. Traurig und ähngstlich standen sie im Vorhof. Ein Priester trat auf sie zu und fragte: "Warum seid ihr so traurig? Fürchtet ihr euch?" – „Morgen müssen wir heimreisen," stotterte Jakob. „Hanna hat Angst vor den steilen Bergpfaden. Auf der Herreise ist sie einmal ausgerutscht. Ich habe sie gerade noch am Kleid erwischt, sonst wäre sie den steilen Hang hinuntergekollert und elend zerschmettert. Ihr wisst das doch!" Die Frau fängt an zu weinen. Jakob fährt fort:

Ich hebe meine Augen auf zu den Bergen.

Woher kommt mir Hilfe?

Der Priester legt tröstend eine Hand auf Jakobs Schulter und die andere auf Hanna. Der Geist Gottes bewegt sein Herz und seinen Verstand. Da kommen ihm die Worte:

Meine Hilfe kommt von Gott,

der Himmel und Erde geschaffen hat.

Das ist sein Bekenntnis. Davon ist er fest überzeugt. Er wendet sich an die Frau:

Er lässt deine Füsse nicht wanken.

Er schläft nicht, der dich behütet.

Die Umstehenden werden aufmerksam. Viele müssen morgen die Rückreise antreten. Der Weg ist gefährlich. Sie zittern alle bei dem Gedanken an die steilen Wege und die wilden Räuber. Ein Kreis von Menschen bildet sich um die drei. Da hebt der Priester seine Stimme:

Siehe, der Wächter Israels schläft und schlummert nicht.

Alle im Vorhof hören zu. Daran haben sie noch nicht gedacht. Sie kennen die Geschichten von Moses. Sie wissen, dass Gott mit seinem Volk durch die Wüste gezogen ist. Er zeigte ihnen den Weg bei Tage durch eine Wolkensäule und bei Nacht durch eine Feuersäule. Er liess Wasser aus einem kahlen Felsen strömen. Wachteln und Manna gaben ihren Vorfahren Nahrung. Aber sie selber haben es nicht erlebt. Sie haben nur davon gehört.

Der Priester sieht sich um. Er kennt die Menschen, die hier versammelt sind. Da steht der braungebrannte David. Als er ein verlorenes Schaf seiner Herde suchte, hatte er sein Kopftuch verloren. Er bekam einen Sonnenstich. Nun fiebert er. Vor Schüttelfrost klappern seine Zähne. Neben David steht Josua, ein Dichter und Träumer. Stundenlang hat er nachts in den Himmel geschaut. Das hatte ihm die Sinne verwirrt. Sollen die beiden krank bleiben? Der Priester hebt segnend die Hände und ruft:

Gott ist dein Schatten über deiner rechten Hand.

Bei Tage wird dich die Sonne nicht schlagen,

noch der Mond bei Nacht.

Gott behütet dich vor allem Bösen.

Er behütet deine Seele.

Da tritt eine Frau an David heran und legt ihm eine warme Decke über. Wenn Gott diesen Mann bewacht muss sie ihm beistehen. Die Worte haben ihr Herz getroffen, dass sie zupacken muss. David wird warm unter der Decke. Der Schweiss bricht ihm aus. Sein Inneres öffnet sich den prophetischen Worten. Sein Körper wird gesund.

Auch Josua hat die Stimme des Priesters getroffen. Er braucht keine Weisheit bei den Sternen zu suchen. Nicht der Mond bestimmt sein Schicksal und verwirrt seinen Geist. Er sieht Rebekka neben sich, das Mädchen, das er liebt. Rebekka blickt ihn freundlich an und nickt ihm zu. Sie wiederholt leise:

Gott ist dein Wächter.

Er ist dein Schatten über deiner rechten Hand,

dass dich der Mond nicht schlägt bei der Nacht.

Josua spürt die Liebe des Mädchens. So spürt er auch die Liebe Gottes. Er besinnt sich. Er wird seinen Acker wieder bestellen. Er wird Rebekka heiraten und eine Familie gründen. Da hört er wieder die eindringliche Stimme:

Gott behütet dich vor allem Bösen.

Er behütet deine Seele.

Josua wird froh. Er ist nicht mehr verwirrt. Er hat sich Gott geöffnet. Er ist gesund.

Die Menge begreift, dass etwas Besonderes geschieht. Hier passiert etwas. Die Worte kommen nicht nur so um gleich darauf wieder zu verwehen. Der Psalm bewirkt etwas.

Die weinende Hanna hat glänzende Augen bekommen. Der ängstliche Jakob strahlt über das ganze Gesicht. Der Priester hat gesprochen, was Gottes Geist ihm eingab.

Seine Rede hat Wirkung. Furchtsame werden mutig. Kranke werden gesund. Da lohnt es sich zuzuhören. Gespannt blicken alle auf den Priester. Kommt noch etwas? Richtig, die Stimme spricht weiter:

Gott behütet deine Abreise und deine Ankunft

von jetzt an bis in alle Zeit.

Es sind mehr als 2000 Jahre her, dass dieser Psalm zum Trost der Pilger erklang. Gottes Geist rührt das Herz eines Gläubigen an. Nun singen andere Menschen dieses Lied daheim und auf der Reise.

Für mich hat dieser Psalm eine besondere Bedeutung. Ein Kirchenvorsteher meiner Gemeinde lag in Brig im Spital. Er wusste, dass er auf seiner letzten Reise war. Er konnte nicht mehr sprechen. Seine Augen blickten mich fragend an. Er sehnte sich nach den Bergen, in denen er sein Leben verbracht hatte. Da fasste ich seine unruhigen Hände und sprach:

Ich hebe meine Augen auf zu den Bergen.

Woher kommt mir Hilfe?

Meine Hilfe kommt von Gott,

der Himmel und Erde geschaffen hat.

Der Sterbende wurde ruhig. Er entspannte sich. Er öffnete die Augen. Da sprach ich weiter:

Gott behütet dich vor allem Bösen.

Er behütet deine Seele.

Gott behütet deine Abreise und deine Ankunft

von jetzt an bis in alle Zeit.

Er schloss die Augen und schlief friedlich ein. Er hatte bewusst Abschied genommen von diese Erde. Unter Gottes Wort hatte er die Reise in den Tod angetreten.

Diese Verse dürfen wir vor jeder Reise beten. Wenn ich weiss, dass Gott mich behütet, dann darf ich ruhig sein. Gott will, dass wir die Fülle haben. Er lässt uns zukommen was wir brauchen. Am Ende werden wir bei ihm sein.

Wirksame Reiseversicherung

Inhaltsverzeichnis

Printed by Books on Demand GmbH, Norderstedt / Germany